SCHIMPFEN
UND FLIRTEN
AUF LATEIN

MICHAEL SCHELENZ

SCHIMPFEN UND FLIRTEN AUF LATEIN

Michael Schelenz lebt als Journalist und Buchautor in Leipzig und hat das wirklich ganz große Latinum.

1 2 3 4   09 08

© Eichborn AG, Frankfurt am Main, März 2008
Umschlaggestaltung: Christiane Hahn
unter Verwendung eines Fotos von © gettyimage
Lektorat: Oliver Th. Domzalski
Layout und Satz: Klaus Schneider
Druck und Bindung: FVA, Fulda

ISBN-13: 978-3-8218-5690-2

Eichborn Verlag, Kaiserstraße 66, 60329 Frankfurt am Main
Mehr Informationen zu Büchern und Hörbüchern aus dem Eichbornverlag finden sie unter www.eichborn.de

INHALT

VORWORT

Latein nervt! Das sagen die, die es nicht können.
Latein poppt! Das werdet Ihr sagen, wenn Ihr dieses Büchlein gelesen habt.

Vornehm geht es im Folgenden allerdings nicht zu. Warum auch? Das Leben im alten Rom war bunt, und das färbte auch auf die Sprache ab: Es wurde getrunken und gegessen, aber auch gesoffen und gefressen. Es wurde geliebt und geflirtet, aber auch gehurt und geflucht. Und das alles nicht zu knapp.
Die Romani waren extreme Menschen. Und sie waren große Lästermäuler, von der Plebs bis zum Caesar. Das macht den Wortschatz so deftig und das Thema so reizvoll. Denn Ihr lästert doch auch gerne, oder? Über Anmacher, Mauerblümchen, Szenegänger, Schwätzer, Seitenspringer, Dauerlächler, Jeansverkäuferinnen, Paparazzi – nichts und niemand wird hier verschont. Gute Sprüche, witzige Übersetzungen, verblüffende Erklärungen: Alles drin! Ihr werdet die wahre Bedeutung langweiliger Zitate kennenlernen, die Euch in der Schule als »klassisches Bildungsgut« (gäääähn!) verkauft wurden. Wer hätte zum Beispiel gedacht, dass

sich hinter »*Quod erat demonstrandum*« die möglichst cool und beiläufig fallenzulassende Macho-Mitteilung verbirgt »*Ich hab' die Alte endlich geknackt*«?

Und Ihr werdet die lateinische Übersetzung von Ausdrücken kennenlernen, von denen die alten Römer selbst nicht gedacht hätten, dass sie in ihre Sprache übertragbar sind – Wörter wie Telefonflirt und Lufthansalächeln und Sprüche wie *Sum vir omnium horarum* (»Ich bin ein Mann für alle Stunden«) kommen vor – von fortschrittlichen Sprachexperten des Vatikans wird sowas als »Neulatein« anerkannt.

Ihr könnt Euch jetzt also auf intellektuell höchstem, auf geradezu klassischem Niveau mit Freunden unterhalten, und die anderen am Tisch verstehen kein Wort. Und selbst wenn Eure Lateinlehrkraft mal zuhören sollte, macht das nix: Als die das Examen gemacht hat, bestand Latein nur aus trockener Wortkunde und knochiger Grammatik. Also keine Hemmungen, immer munter drauflos!

Und vielleicht fangt Ihr ja auch an, neudeutsche Ausdrücke aus dem eigenen Alltag stilvoll, also römerwürdig ins Lateinische zu übersetzen und gute Sprüche zu designen. Wenn Ihr darauf Lust bekommt bei »Stultissimus«, dann ist alles bene. Eamus! Auf geht's!

Michaelis Alfonsius Schelenzium

TEIL I

SCHIMPFEN

SPRÜCHE
UNTER FREUNDEN

DIEM PERDIDI.
> *Der Tag war fürn Arsch.*

OHE, IAM SATIS!
> *Auweia, bin ich platt!*

GRAVIS EST CULPA TACENDA LOQUI.
> *Wehe, du verrätst unser Geheimnis!*

PARVA QUERI
> *Sich über jeden Scheiß aufregen*

FAMA TUA CRIMEN HABET.
> *Du hast 'nen miesen Ruf.*

CRAMBE REPETITA
> *Schon wieder die alte Leier …*

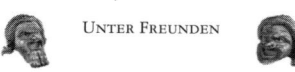

UBI SUNT CADAVERA, AQUILAE CONGREGANT.
Wo es was zu holen gibt, kreisen die Geier.

QUI TOTUM VULT, TOTUM PERDIT.
Das war wohl ein Eigentor.

OMNE MALUM EX MALO.
Eva ist an allem schuld.

LABOR EST ETIAM IPSA VOLUPTAS.
Die Alte? Da gehe ich lieber arbeiten.

PAUPER UBIQUE IACET.
Einmal arm, immer arm.

NULLUM VERBUM!
Kein Kommentar!

MODICUS CIBI, MEDICUS SIBI.
Friss nicht so viel!

AVE CAESAR, MORITURI TE SALUTANT![1]
Herr Direktor, wo geht's zur Abiturprüfung?

BARBA NON FACIT PHILOSOPHUM.[2]
Ein Sackhaar macht noch keinen Don Juan.

PLENUS VENTER NON STUDET LIBENTER.
Komm', wir gehen lieber auf 'nen Burger!

---

[1] »Heil Dir, Cäsar, die Todgeweihten grüßen Dich!«. Gruß der Gladiatoren beim Einmarsch in die Arena.
[2] »Ein Bart macht noch keinen Philosophen.« Sprichwort nach Aulus Gellius.

EX FRUCTU COGNOSCITUR ARBOR.
> *Die hat genauso viel Holz vor der Hütte wie ihre Mutter.*

CUI DOLET, MEMINIT.
> *Das hat gesessen! Das merkt er sich.*

GALLINA SCRIPSIT.
> *Die Sauklaue kann kein Mensch lesen.*

QUOD SCRIPSI, SCRIPSI.
> *Schluss. Aus. Ende.*

AURI SACRA FAMES!
> *Verfluchte Geldgier!*

CAVUS PAUPER
> *Was für ein armseliges Loch!*

ISTE SIMIUS!
> *So ein Affe!*

CATERVAE LATRONUM URBANORUM
> *Ihr Kleinstadt-Mafiosi!*

OLEUM ADDERE CAMINO
> *Jawoll, immer schön rein in die Wunde ...*

INEPTI NON ME POSSUNT LAEDERE.
> *Die Blödmänner gehen mir am Arsch vorbei.*

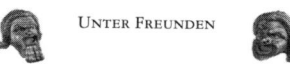

NON EST ISTA MEA CULPA, SED TEMPORUM.
In der DDR war das eben so.

SPERNERE CIBUM VILEM
Fastfood? Nein danke!

SI TACUISSES, PHILOSOPHUS MANSISSES.³
Maul halten erspart die Blamage.

SUS MINERVAM DOCET.⁴
Da will ein Schwein die Minerva belehren.

QUI STULTUS EXIT, STULTUS REVERTITUR.
Einmal ein Depp, immer ein Depp.

AUT BIBAT, AUT ABEAT!
Sauf' oder lauf'!

VENI, VIDI, VICI.
So wird das gemacht, ihr Penner!

PUNICA FIDES⁵
Auf deine Treue pfeife ich!

NE QUID NIMIS!
Nur keine Überdosis!

---

³ »Hättest Du geschwiegen, wärst Du ein Philosoph geblieben.« Sinnspruch nach Boethius.
⁴ »Ein Schwein belehrt die Minerva.« Minerva ist die römische Göttin der Künste und des Handwerks.
⁵ »Punische Treue« Den Puniern (= Karthagern) sagte man nach, sich nicht an Verspechen zu halten.

NIX VELUT VERIS EST FIRMA FIDES MULIERIS.
Die ist treu wie Neuschnee im Frühling.

MULIER TACEAT IN ECCLESIA.[6]
Ruhe, ihr Schnepfen!

SI MOROR, MORIOR.
In dem öden Schuppen geh' ich kaputt.

NE LONGUM FACIAM
Ich sag's kurz und schmerzlos: Abflug!

TIBI LARVA NON OPUS EST.
Mit dem Gesicht kannst du zum Maskenball.

PEDICARE CUPIS MEOS AMORES.
Du bist geil auf meine Freundin.

IUVENTUS ROMANA PAREBIT.
Wir sind der Trend!

NON HONOR EST, SED ONOR.
Da hab' ich mir was eingebrockt.

NON ES SANAE MENTIS.
Du spinnst wohl!

HERBA NOCENS EST.
Was ist denn das für ein Kraut?

---

[6] »Die Frau schweige in der Kirche.« Nach 1. Kor. 14, 34.

CUR TEGES CORPOREM DEMISSA VESTE?
Was versteckst du unter dieser Kutte?

NUNC QUIDEM PAULUM A SOLE!
Jetzt geh' mir endlich aus der Sonne.

QUID AVARUS? STULTUS ET INSANUS.
Geiz ist dumm und ungeil.

ANCORAM TOLLITE!
Lichtet den Anker, aber flott!

DUABUS SELLIS SEDEO.
Ich kann mich nicht entscheiden.

EX UNGUE LEONEM PINGERE
Das sehe ich dir an der Nasenspitze an.

STULTE, STUDE!
Dummkopf, lern' was!

FABULAE!
So ein Schmarrn!

DE MORTUIS NIL NISI BENE.[7]
Lästert nicht über die, die nicht da sind.

OMNE NIMIUM NOCET.
Zu viel ist zu viel.

---

[7] »Über die Toten nur Gutes.«

FACTUM, NON FABULA!
Alder, das ist kein Blödsinn, ich schwör!

NON OMNES EADEM MIRANTUR AMANTQUE.
Die Geschmäcker sind verschieden.

LAUDATOR EST TEMPORIS ACTI.
Opa schwärmt heute noch von Stalingrad.

QUOT SERVI, TOT HOSTES.
Wie viel Personal, so viele Feinde.

VERBIS ONERANTIBUS
Der mit seinem blöden Gesabber!

SIDERA VIDENT FURTIVOS AMORES.
Der Himmel sieht die heimlichsten Küsse.

A LATERE EXFUTUTA EST.
Die ist doch breitgebumst.

TACERE NON POTEST.
Der kann sein Maul nicht halten.

CUR INFLAS AMBAS BUCCAS?
Blas' die Backen nicht so auf.

REM PATRIS OBLIMABIS.
Du verspielst noch Haus und Hof.

VOLENTI NON FIT INIURIA.
Mitgefangen, mitgehangen.

TE PEDICABO ET IRRUMABO.
Dir werde ich sämtliche Löcher stopfen.

SACCULUS TUUS EST PLENUS ARANEARUM.
Dein Geldbeutel ist voll Spinnweben.

VINO FALLERE CURAM
Sich die Sorgen weg trinken

VIGILANS DORMIS.
Du schläfst mit offenen Augen.

PRAETERITA MUTARE NON POSSUMUS.
Pech gehabt, passiert ist passiert.

OSSA AC PELLIS TOTA EST.
Die hat doch die Magersucht.

OPTIMUS ODOR IN CORPORE EST NULLUS.
Der beste Körpergeruch ist gar keiner.

RUMPITUR INVIDIA.
Der platzt vor Neid.

CORPUS SINE PECTORE
Kalt wie ein Fisch

CONFESSIO NON EST PROBATIO.
Ein Geständnis ist noch kein Beweis.

HOMO INTER HOMINES SUM.
Was du darfst, darf ich auch.

OPERA PRO PECUNIA!
> *Bares oder ich mach keinen Finger krumm.*

NEMO IUDEX IN SUA CAUSA.
> *Das Urteil musst du schon den anderen über-*
> *lassen, verstanden?*

AQUA HAERET.
> *Verdammt, ich weiß nicht mehr weiter.*

SEMPER ALIQUID HAERET.
> *Es bleibt immer etwas hängen.*

PACTA SUNT SERVANDA.[8]
> *Du musst dich schon an unseren Deal halten.*

CREDAT IUDAEUS APELLA![9]
> *Das glaubt dir doch keine Sau!*

DIVES AUT INIQUUS AUT INIQUI HERES.
> *Hast du deine Kohle ergaunert oder geerbt?*

---

[8] »Die Verträge müssen eingehalten werden.« Neuzeitliche Latinisierung eines Rechtsprinzips.
[9] »Das alles soll der Jude Apella glauben!« Juden galten bei den Römern als abergläubisch. Das Zitat stammt vom Dichter Horaz (65-8 v. Chr.), der das Wunder anzweifelte, dass in der Stadt Gnatia in einem heiligen Raum Weihrauch ohne Feuer verdampfe.

UNTER DER GÜRTELLINIE

NUMERUS CLAUSUS!
Alder, du kommst hier net rein!

CULUM LINGERE
Arschlecken!

EDAMUS, BIBAMUS, GAUDEAMUS!
Fressen, saufen, ficken!

LECTUM COMMINGERE POTUS
Besoffen ins Bett pissen

IN QUADRIVIIS ET ANGIPORTIS GLUBIT NEPOTES REMI.
Die geht jetzt auf den Strich.

POST TRES DIES PISCIS ET HOSPES VILESCIT.
Fisch und Besuch stinken nach drei Tagen.

IAM TENES ANNUM DISCRETIONIS?
Darfst du schon, äh, bist du schon sechzehn?

FALLITE FALLENTES!
Wie du mir, so do mie!

GRAECA SUNT, NON LEGUNTUR.
Ich scheiß' auf Gyros und Akropolis.

MANUM DE TABULA!
Pfoten weg!

OBSEQUIUM AMICOS PARIT.
Arschkriecherei macht Freunde.

SCELERA SCELERIBUS TUENDA SUNT.
Der kommt aus dem Sumpf nicht mehr raus.

CLAUDE OS, APERI OCULOS!
Maul zu, Glotzer auf!

MENDACEM MEMOREM ESSE OPORTET.
Man muss sich seine Lügen merken können.

QUID ROMAE FACIAM? MENTIRI NESCIO.
Was soll ich in Berlin? Lügen kann ich nicht.

CACATUM NON EST PICTUM.
Geschissen ist nicht gemalt.

HOMO HOMINI LUPUS.
Der Mensch ist dem Menschen ein Wolf.

CUI BONO?
> *Watson, wer könnte ein Motiv haben?*

PLEBS ERIS.
> *Du bist und bleibst eine Null.*

EST UNUS E MULTIS.
> *Da wo du herkommst, gibts wohl nur Arsch-*
> *löcher …*

QUALIS MATER, TALIS FILIA.
> *In zwei Jahren schaut die aus wie ihre*
> *Mutter.*

PARVA AVIS, PARVUS NIDUS.
> *Kleiner Spatz, kleines Nest.*

MEUM EST PROPOSITUM IN TABERNA MORI.
> *Begrabt mich hinterm Tresen!*

SINGULA BINA VIDEO.
> *Shit, ich seh' schon doppelt!*

SUCCUMBERE SOMNIS POSITA MENSA
> *Besoffen am Tisch einschlafen*

AQUA ET PANIS EST VITA CANIS.
> *Wasser und Brot, ein Hundeleben!*

TOTA ERRAS VIA.
> *Hey, du irrst dich hoch zehn.*

ODI MEMOREM CONVIVAM.
Ich hasse Mitsäufer mit einem guten Gedächtnis.

IN NIHIL SAPIENDO IUCUNDISSIMA VITA.
Saudumm, aber sauglücklich.

OCTAVUS SAPIENTIUM ES.
Du bist der Achte von den sieben Weisen.

VOLUNTAS COGI NON POTEST.
Mach' dir nicht ins Hemd: Alles freiwillig!

DIFFICILE EST, SATURAM NON SCRIBERE.
Mir fällt es schwer, über dich keine Satire zu schreiben, du Komiker!

FATO NON REPUGNANDUM EST.
Kismet! Nix zu ändern!

ALEA IACTA EST.[10]
Jetzt gibt es kein Zurück mehr.

UBI MAXIMA SPES, IBI MINIMA RES.
Der ganze Einsatz war für'n Arsch.

AUDIATUR ET ALTERA PARS!
Deine Redezeit ist um, jetzt hör' mal zu!

---

[10] »Der Würfel ist geworfen.«

CANES PLURIMUM LATRANTES RARO MORDENT.
Große Fresse, nix dahinter.

MALO EMERE QUAM ROGARE.
Bevor ich die frage, gehe ich lieber in den Puff.

MINIMA NON CURAT PRAETOR.
Seit wann kümmere ich mich um Mäusepisse?

NOLI TURBARE CIRCULOS MEOS![11]
Verschwinde, ich bin im Einsatz!

NOLITE CURARE ALIENA NEGOTIA!
Kümmert euch um euren eigenen Scheiß!

NUM ESTIS SENICES DELIRI?
Habt ihr Alzheimer oder was?

MORBI PURGATA SUM.
Ich bin das Geschwür endlich los.

LUSUS FINEM HABET.
Das Spiel ist aus!

OMNIA MEA MECUM PORTO.
Das war mein Einsatz! Passe!

---

[11] »Störe meine Kreise nicht!« Der Legende nach die letzten Worte des Mathematikers Archimedes, bevor er von einem feindlichen Soldaten erschlagen wurde.

ET TU, BRUTE?[12]
> *Du Arsch fällst mir in den Rücken? Ich dachte, du bist mein Freund!*

DISCE AUT DISCEDE!
> *Mach' mit oder hau' ab!*

MANU PROPRIA
> *Keine Sorge, das erledige ich eigenhändig.*

ODOREM NEQUEO PERFERRE.
> *Ich halt' den Gestank nicht mehr aus.*

ODII SEMINA HABES.
> *Bei dir krieg ich voll den Hass.*

PAR NOBILE FRATRUM
> *Schau dir die linken Brüder an.*

MAGNA FASTIDIA STOMACHO MOVET.
> *Bei dem Fraß dreht sich mir der Magen um.*

---

[12] »Auch Du, Brutus?« Sterbeworte Caesars am 15. März 44 v. Chr. (an den Iden des März), als er den von ihm geförderten Marcus Brutus unter seinen Mördern erkannte.

WORTSCHATZ

A

Abductor	*Entführer*
Abortus	*Fehlgeburt*
Absentium vicarius	*Pisspausenmitspieler*
Adiutor arbitri minor	*Schiedsrichterassistentassistent*
Adulter	*Fremdgänger*
Adultera	*Ehebrecherin*
Adulterium	*Ehebruch*
Adversator clericatus	*Kirchenfeind*
Aemulus	*Rivale*
Aleator	*Zocker*
Alucinatio	*Halluzination*
Amasiuncula	*Flittchen*
Amator placentae compressae	*Pizzafresser*

Amator vischii	*Whiskeysäufer*
Ambiguitas	*Doppelzüngigkeit*
Ambiguus	*Zwitter*
Ambubaia	*Nutte*
Ambulator	*Herumtreiber*
Amens	*Spinner*
Americanulus	*Ami*
Amica misera	*Notnutte*
Amicus amiculi villosi	*Lodenmantelträger*
Animus inhibitus	*Klemmi*
Aper pinguis	*Fettes Schwein*
Asper	*Raubein*
Assentator turpissimus	*Stiefellecker*
Ater homo	*Dunkelfresse*
Avarus	*Raffke*

B

Baculum orthopaedicum	*Krücke*
Balbus	*Laller*
Barba promissa	*Gesichtsgebüsch*
Bardus	*Dummmkopf*
Baro	*Tyrann*
Bellator tectus	*Heckenschütze*
Belua	*Scheusal*
Beneficiarius	*Spendenempfänger*
Betarum cultor	*Rübenbauer*
Blasphemator	*Gotteslästerer*

Blatero	*Dummschwätzer*
Blennus	*Rotzlöffel*
Borussianus	*Saupreuß'*
Breviculus	*Wicht*
Bucco	*Maulaffe*

C

Cacator	*Hosenscheißer*
Cadaveris medicator	*Einbalsamierer*
Cadaverum devorator	*Restpostensammler*
Caecus	*Blinder*
Calimuccus	*Schlitzauge*
Calo	*Stallbursche*
Camelarius	*Kameltreiber*
Canis cubile	*Hundehütte*
Canis efferus	*Köter*
Canis vestigator	*Spürhund*
Cantor gloriosus	*Heinos Erbe*
Caprimulgus	*Ziegenmelker*
Captator benevolentiae	*Frauenversteher*
Caput pusillum	*Schrumpfkopf*
Caries	*Fäulnis*
Caro putida	*Bumsgesicht*
Carta cacata	*Fischeinwickelzeitung*
Caseolus	*Käskopf*
Casopolis	*Elendsviertel*

Casopolitanus	*Favelabewohner*
Castrare	*Enteiern*
Castratus	*Eunuch*
Casula ruinosa	*Bruchbude*
Cauda salax	*Geiler Schwanz*
Censor putidus	*Steuerfahnder*
Cerebri inflammatio	*Hirnschaden*
Cervisiarius	*Bierpanscher*
Cessator	*Faulpelz*
Cimex	*Wanze*
Cinaede Romule!	*O schwuler Berliner!*
Cinaedus	*Betthüpfer; Schwuler, Stricher*
Civitati contrarius	*Staatsfeind*
Civitatis expers	*Staatenloser*
Cloacarius	*Kanalarbeiter*
Cocaini cupidus	*Kokainsüchtiger*
Coercitio mentis	*Gehirnwäsche*
Collocatio pecuniae male partae	*Geldwäsche*
Comissatio	*Besäufnis*
Commaculare	*Vollwichsen*
Confidens tumidusque	*Egotrip*
Congerro	*Komiker*
Coniunx fecunda	*Gebärmaschine*
Conservus	*Mitsklave*

Contagiosus	*Ansteckend*
Contaminator	*Beschmutzer*
Contemptio	*Verachtung*
Contumeliosus	*Lästermaul*
Convicium	*Schimpfwort*
Conviva	*Saufkumpan*
Corporis tenuatio	*Magersucht*
Corruptor	*Ehefrauenab-*
	schlepper
Corruptus	*Handaufhalter*
Corvus albus	*Tunte*
Corvus	*Pechvogel*
Crassus	*Fettsack*
Criticus severus	*Oberkritiker*
Crudelissimus	*Brutalo*
Crura distorta	*Dackelbeine*
Cularcultor	*Arschkriecher*
Cultor bananarum	*Bananen-*
	pflücker
Cultor solani	*Kartoffelbauer*
tuberis	
Cultro percutere	*Abstechen*
Cunnio	*Schürzenjäger*
Cupida insane	*Heroinsüchtige*
heroini	
Cupido insana	*Nymphomanie*
marium	
Cupido	*Spleen*
Custos nocturnus	*Nachtwächter*
Cynicus	*Zyniker*
Cynocephalus	*Pavianarsch*

D

Dardanarius	*Totospielever-*
	schieber
Deceptor	*Schwindler*
Decoctor	*Bankrotteur*
Decoctum	*Gesöff*
Deformitas	*Missbildung*
Defututa	*Durchgebumste*
Dehonestans	*Schwarzes*
familiam	*Schaf*
Delator	*Denunziant*
Deplorator	*Jammerlappen*
Derisor	*Kasper,*
	Lachnummer
Destructor	*Zerstörer*
Deversoriulum	*Absteige*
Diabolicus	*Teufel*
Digitis invenire	*Rumfingern*
Digitus impudicus	*Stinkefinger*
Diobolaris	*Billigficke*
Discipulus publici	*Bafög-*
subsidii	*Empfänger*
Dissociatio	*Persönlichkeits-*
personalitatis	*spaltung*
Doctissimus	*Schlaumeier*
Domina lupanaris	*Puffmutter*
Dominus	*Wohnwagen-*
autocinaeticae	*besitzer*
domunculae	
Dormitor	*Langschläfer*
Dux pecualis	*Alpha-Tier*

E

Ebria	*Süffelmaus*
Ebriosus	*Schluckspecht*
Effeminatus	*Schwuchtel*
Effutuere	*Rumhuren*
Enervans	*Stresser*
Enervatus	*Schlaffi*
Erraticus	*Penner*
Erro	*Streuner*
Exaugurator	*Ketzer*
Excidium	*Katastrophe*
Exemplum typicum	*Steckbrief*
Exlex	*Outlaw*
Exorcista	*Teufelaustreiber*
Exploratorum explorator	*Doppelagent*
Exportator	*Mädchenhändler*
Exsecutor inficetus	*Pfuscher*
Extortor	*Erpresser*

F

Falacissimus	*Obergauner*
Fallax	*Betrüger*
Falsum iurare	*Einen Meineid leisten*
Fartor	*Schlächter, Schweinemäster*
Fastidiosus	*Nervenbündel*
Fastidium	*Ekel*

Fautor potionis validae Slavicae	*Wodkasäufer*
Fellator	*Lutscher*
Femellae ambulantes	*Männerfängerinnen*
Fenerator	*Wucherer*
Ferox	*Kannibale*
Fibula	*Schnalle*
Flagellator	*Sado-Maso-Fan*
Flagellum	*Peitsche*
Flagitiosissima	*Alleskönnerin*
Flagitiosissimus	*Perversling*
Flagitiosus	*Randalierer*
Flagitium ingens	*Megablamage*
Foeda cicatrix	*Narbengesicht*
Foedissima	*Brechmittel*
Foedus	*Arschloch*
Fornice exire	*Im Bordell auschecken*
Fossor	*Totengräber*
Fraudator portorii	*Schmuggler*
Fraudator	*Gauner*
Fraudulentia	*Linkheit*
Frixa placentula	*Pfannkuchengesicht*
Frustum pueri	*Milchbubi*
Fugax vectigalium	*Steuerhinterzieher*
Fugitivus	*Dahergelaufener*
Fungus	*Flachzange*
Fur	*Dieb*

Furcifer	*Henkersknecht*
Furtor gregis	*Viehdieb*
Furunculus	*Pickelgesicht*
Fustis cumminosa	*Dildo*
Futuere	*Ficken*
Fututor	*Ficker*
Fututrix	*Lesbe*

G

Garrulus	*Dummschwät-*
	zer, Tratsche
Gerro	*Hanswurst*
Gibbus	*Buckel*
Gladiator	*Gangster*
Gladiatorulus	*Schattenboxer*
Glutinosus	*Klette*
Graeculus	*Zatzikidesigner*
Gravidare	*Schwängern*
Gregis dux	*Bandenführer*
Grex vapparum	*Gesindel*
Gullo	*Alki*

H

Hara suis	*Saustall*
Hepatis morbo affectus	*Leberkranker*
Heterosexualis	*Hetero*
Hircus	*Geiler Bock*
Histrix	*Stachelschwein*
Homines nequissimi	*Gesocks*
Homines perditi	*Unterwelt*

Homo discordans	*Nörgler*
Homo iactans	*Dummschwät-*
	zer
Homo membris captus	*Krüppel*
Homo opere carens	*Arbeitsloser*
Homo parcus	*Bausparer*
Homo perditus	*Versager*
Homo servilis	*Arschkriecher*
Homo ventosissimus	*Wendehals*
Homophila	*Lesbe*
Homophilus	*Schwuchtel*
Homosexualis	*Homo*
Homuncio	*Retortenmensch*
Humilis	*Depri*
Hydrocephalus	*Wasserkopf*

I

Iactator cultus humani	*Pisastudien- überbewerter*
Iactator	*Großmaul*
Idiota	*Idiot*
Imago ridicula	*Karikatur*
Imitator	*Nachäffer*
Imminutio animi	*Depression*
Immoderatio rerum consumedarum	*Konsumterror*
Immodicus usus	*Missbrauch*
Impetitor	*Attentäter*

Importunissima	*Nervensäge*	Iracundus	*Choleriker*
Impraegnare	*Schwängern*	Irrumator	*Schweinehund*
Impudicus	*Lustmolch*	Irrumo	*Lutscher*
In pugilatu deiecto	*Knockout*	Ius privatae	*Blutrache*
Inanilogista	*Phrasenschwein-*	ultionis	
	Einzahler		
Incendiarius	*Feuerteufel*	**L**	
Incompositus	*Irrer*	Larva	*Gespenst*
Inculcare	*Bumsen*	Lasanum	*Scheißhaus-*
Index	*Verräter*		*gesicht*
Indoctus	*Stümper*	Latrator	*Verbeller*
Inelegans	*Schlamper*	Latro gregalis	*Gangster*
Ineptus	*Versager*	Lavationis	*Schaumbad-*
Iners	*Fauler Hund*	spumosae fautor	*einlasser*
Infirmus	*Weichei*	Legis violator	*Krimineller*
Infrequentia	*Totentanz*	Lenimentum	*Einschläferer*
Inhabilis	*Ignorant*	Leno	*Zuhälter*
Innupta	*Solistin*	Libido feminea	*Dummgeilheit*
Inspector	*Leichen-*	Limax	*Lahmarsch*
mortuorum	*beschauer*	Lingua haesitans	*Stotterer*
Instigator belli	*Kriegstreiber*	Liquatorium	*Gullygesicht*
Insubidus	*Langweiler,*	Litigiosus	*Streitsüchtiger*
	Nervensäge	Locusta	*Heuschrecke*
Interfectio	*Lynchen*	Loripes	*Fußkranker*
Lynchiana		Lorus in aqua	*Schlapp-*
Intermissor operis	*Streiker*		*schwanz*
Intolerabilis	*Unausstehlicher*	Lotiolentus	*Bettnässer*
		Lucrum illicitum	*Schwarzgeld*
Investigator	*Privatschnüffler*	Ludia	*Gangsterbraut*
privatus		Lumbricus	*Wurm*
Investigatorius	*Schnüffler*	Lupanar	*Puff*
Ira capitalis	*Stinkwut*	Lurcho	*Lustmolch*

Lusor pillamallei	*Golfklubmit-glied*
Lusor	*Spieler*
Lutulentulus	*Siffkopf*

M

Machilla	*Wichsbüchse*
Machinator tectus	*Strippenzieher*
Macula	*Makel*
Mafianus	*Mafioso*
Magna confusio	*Chaos*
Malus medicus	*Scharlatan*
Malus pictor	*Maltherapie-teilnehmer*
Manica	*Handschellen*
Manticularius	*Taschendieb*
Manuballistarius tectus	*Heckenschütze*
Manus cupidae	*Wichsgriffel*
Manus perungues	*Dreckpfoten*
Manus rapax	*Schnellfingerer*
Masculina tonsura	*Lesbenfrisur*
Mastigia	*Tagedieb*
Matronae peccantes	*Desperate Housewives*
Medicamento stupefactivo assuetus	*Junkie*
Medicamentum stupefactivum	*Betäubungs-mittel*
Mendax	*Lügner*
Mendicus	*Bettler*

Mens angusta	*Kleinkariert-heit*
Mens mala	*Minusbrain*
Mentis inops	*Schwachmat*
Mentula	*Schwanz*
Mercatura clandestina	*Schwarzmarkt*
Mercenarius diurnus	*Tagelöhner*
Merces minutae	*Kitsch*
Merda	*Scheiße*
Meretricari	*Anschaffen*
Meretricula	*Nüttchen*
Meretrix	*Dirne*
Mingere	*Pissen*
Miles completivus	*Ersatzlover*
Miles gloriosus	*Maulheld*
Milva	*Krähe*
Minister alienae voluntatis	*Handlanger*
Minister publicus	*Beamtenarsch*
Ministra aegrorum	*Krankenhaus-schlampe*
Misera plebs	*Hartz-IV-Empfänger*
Mittendarius	*Geldeintreiber*
Moecha putida	*Fotze*
Moechus	*Playboy, Puff-gänger*
Molestia instans	*Sackgängerei*

Molestus	*Langweiler, Nervensäge*
Molitor vaferrimus	*Schlitzohr*
Monetae adulterator	*Geldfälscher*
Morbosus	*Perverser*
Mortui corpus medicatum	*Mumie*
Mortuorum amore incensus	*Nekrophiler*
Mucus	*Schleim*
Mucosus	*Schleimer*
Mulier infamis	*Fickschlitten*
Muliercula	*Waschweib*
Mulierem fallere	*Die Ehefrau entlasten*
Mulierum osor	*Frauenhasser*
Munerum dispartitio	*Postenschieberei*
Munus risus	*Witzgeschenk*
Murmurare	*Murren*
Mutus!	*Maul!*

N

Narcissianus	*Selbstverliebter*
Navis circumvectantis insessor	*Traumschiff-Touri*
Navis consumpta	*Wrack*
Nebulo	*Chaot, Drückeberger, Märchenerzähler*
Nequam	*Nichtsnutz*

Nequissimus	*Loser*
Nervo privare	*Entnerven*
Nihili homo	*Niete*
Nimii nicotiani pulveris haustor	*Tabakschnupfer*
Nimis diligens	*Erbsenzähler*
Noctambulus	*Nachtschwärmer*
Non sexualis	*Asexueller*
Novi Hitleriani	*Neonazis*
Nucifrangibulum	*Nussknacker*
Nugae	*Nullinger*
Nugatorius	*Null hoch zehn*
Nuntius iudicalis	*Anzeige*

O

Obaeratus	*Schuldenkönig*
Obtrectator	*Verleumder*
Obturamentum oris	*Knebel*
Occultator	*Hehler*
Omnivorus	*Allesfresser*
Opii insane cupida	*Opiumsüchtige*
Oratio pestilentiae	*Schmutzrede*
Os deformatum	*Fratze*
Os immundatum	*Drecksfresse*
Os rotundum	*Arschbackengesicht*
Ossifragus	*Knochenbrecher*
Ostentatio	*Großkotzigkeit*
Otium labori praeferre	*Rumhängen*

P

Paedico	*Kinderschänder*
Pannosus	*Penner*
Parasitus	*Schmarotzer*
Parricida	*Vatermörder*
Pathicus	*Stricher, warmer Bruder*
Patinarius	*Fresssack*
Pauperator	*Nepper*
Pavidus	*Angsthase*
Pavor claustrorum	*Klaustrophobie*
Peculator	*Unterschlager*
Pecuniae donum illecitum	*Schmiergeld*
Pecuniarum residuarum amicus	*Wechselgeldeinstecker*
Pecus	*Schafsnase*
Peditum subtile	*Kinderfurz*
Pepidere	*Furzen*
Per dolum dare	*Andrehen*
Percussor	*Schläger*
Perennis adversarius	*Dauernörgler*
Perfidus caupo	*Dreckswirt*
Perfidus	*Schuft*
Perforator	*Messerstecher*
Periurus	*Lügensau*
Perturbator	*Hetzer*
Pharmacopola	*Tablettendealer*
Photographus clandestinus	*Paparazzo*
Phyleticus osor	*Rassist*

Piger	*Faulpelz*
Pinguis	*Fettwanst*
Pirata	*Seeräuber*
Plebecula	*Pack*
Plumbeus	*Hirni*
Pocula capere	*An der Flasche hängen*
Poeta pessimus	*Schmierfink*
Polypus	*Krake*
Pomarius	*Beerenfresser*
Popellus	*Pack*
Popina	*Beize*
Populismi fautor	*Windfähnchen*
Porcus	*Schwein*
Potio alcoholica	*Drink*
Potor acer	*Kampftrinker*
Praedo manuballistularius	*Revolverheld, Bandit*
Praematurata	*Frühreife*
Precator	*Bettler*
Preces iratae	*Flüche*
Pretium redemptionis	*Lösegeld*
Primores	*Schickeria*
Prodigium	*Missgeburt*
Proditor	*Verräter*
Prostituere	*Anschaffen schicken*
Puella defututa	*Durchgenudelte Braut*
Pugnator	*Kampfschwein*
Pulex	*Floh*

Pumilio	*Liliputaner*
Pupillus	*Heimschläfer*
Pupulus	*Bübchen*
Pusilla	*Gerippe*
Pusillus	*Schrumpf-*
	germane

Q

Quaestio moralis	*Gewissensfrage*

R

Rabies	*Koller*
Ranaloquax	*Quakfrosch*
Raptor	*Räuber*
Reformationis	*Reformgegner*
adversarius	
Regio inops	*Notstandsgebiet*
Reprobator rerum	*Ewiggestriger*
novarum	
Res furtiva	*Diebesgut*
Restaurator	*Schönheitskli-*
pulchritudinis	*nikbesitzer*
Ridicula simulatio	*Lachkopie*
Ridicularius	*Clown*
Ridiculus	*Witzfigur*
Rudis	*Rüpel*
Rugae	*Falten*
Rugosa	*Runzlige*
Rusticus	*Grobian*

S

Sacculus	*Sack*

Sacerdotum osor	*Pfaffenhasser*
Sacra sancta	*Orgie*
Saevus	*Raubein*
Salariarius	*Gehaltsem-*
	pfänger
Salivator	*Sabberer*
Saltatorius	*Betthüpfer*
Sanguiculus	*Presssack*
Scelerum socius	*Komplize*
Scelestus	*Verbrecher*
Schoeniculus	*Billigparfü-*
	mierter
Scholae desertor	*Schulschwänzer*
Sciolus	*Besserwisser*
Scopa	*Besen*
Scortator	*Weiberheld*
Scortum muliebris	*Strichjunge*
patientiae	
Scortum	*Hafennutte*
Scriblitarius	*Pizzabäcker*
Scrutarius	*Lumpensamm-*
	ler
Scurra	*Dorfdepp,*
	Schmarotzer
Se medicamento	*Sich dopen*
stupefactivo excitare	
Sector partium	*Extremist*
extremarum	
Semilavator	*Leitungswasser-*
	sparer
Semimortua	*Scheintote*
Senex hircosus	*Alter Bock*

Senex recoctus	*Altrocker*	Staminarius	*Spinner*
Sentina	*Gesocks,*	Stercorarius	*Scheißkerl*
	Schmutz	Stercorator	*Scheißer*
Sermo barbarus	*Gossenjargon*	Stercus	*Mist*
Sermocinator	*Kommunikator*	Stertea	*Heulerin*
Sermocinatrix	*Dorftratsche*	Stigma	*Schandmal*
Seronegativa	*HIV-Positive*	Stolidus	*Trottel*
Seropositivus	*HIV-Negativer*	Strabo	*Schieler*
Serpens	*Schlange*	Strangulator	*Würger*
Servus	*Lakai*	Studiosus	*Küchenboden-*
Sicarius	*Killer*	salubritatis	*putzer*
Sicula languida	*Hängenudel*	Studiosus sui	*Egoist*
Simiolus	*Äffchen*	commodi	
Simplicissimus	*Simpel hoch*	Stultissimus	*Vollidiot*
	zehn	Stultus	*Depp*
Sociofraudus	*Kameraden-*	Stupida femella	*Dumme Gans*
	schwein	Stuprator	*Vergewaltiger*
Sodomita	*Onanierer*	Subaquaneus	*Baggersee-*
Solere vicinam	*Die Nachbarin*	minor	*taucher*
	versorgen	Suburbanus	*Vorstadt-*
Somnia maculantia	*Feuchte Träume*		*Söhnchen*
Somniculosus	*Schlafmütze*	Succula	*Drecksau*
Sopor morbosus	*Koma*	Sui ipsius invitator	*Sichselbst-*
Sordidus	*Geizkragen,*		*einlader*
	Schmutzfink	Sui ipsius nudatrix	*Stripperin*
Spado	*Kastrat*	Sui ipsius	*Selbstbefruchter*
Spectaculum	*Kasperltheater*	praegnator	
neurospastorum		Summum	*Lebensgefahr*
Speculator tectus	*Geheimagent*	discrimen	
Spissigradissimus	*Schleicher*	Superbus	*Macho*
Spoliator	*Plünderer*	Superna	*Reiterstellung*
Spurcus	*Dreckspatz*	Supplex	*Schleimer*

T

Taberna frixoria	*Pommesbude*
Taberna male gesta	*Saftladen*
Taberna nugatoria	*Ramschladen*
Taetra libido	*Supergeilheit*
Tardus	*Lahmarsch*
Tecti vigiles	*Geheimpolizei*
Tegumentum	*Kondom*
Tenebrae	*Fiesling*
Tenebrarius	*Finsterling*
Tertius gaudens	*Abstauber*
Testis gravissimus	*Kronzeuge*
Tirunculus	*Greenhorn*
Toxicologus	*Vergifter*
Toxicomania affectus	*Drogensüchtiger*
Translatio criminis	*Verpfeifen*
Tribas	*Lesbe*
Tristitia	*Schmollgesicht*
Tromocrates	*Terrorist*
Trossulus	*Schönling*
Trunculus	*Stummel*
Truncus	*Trottel*
Tuliparum fautor	*Tulpenschenker*
Tumultuosus	*Krawallo*
Turba	*Mob*
Turbator	*Rowdy*
Turpissima	*Vogelscheuche*

U

Ultor	*Rächer*
Unguentarius	*Penatencremebenutzer*
Upupa	*Dreckspatz*
Urgens	*Nervtöter*
Urinator	*Beckenrandspringer*
Usurpator pravus	*Stichler*
Utricen	*Dudelsackbläserin*

V

Vacillator	*Taumler*
Vacuus	*Arbeitsscheuer*
Vafer	*Pfiffikus*
Vaga conscientia	*Trance*
Vagari	*Herumstrolchen*
Valentissimus	*Dauerständer*
Vaniloquentia	*Lüge, Gefasel*
Vappa	*Halunke, Schwelger*
Vastator occultus	*Saboteur*
Vector fraudulentus	*Schwarzfahrer*
Venas inflare	*Einen Steifen kriegen*
Venditor clandestinus	*Dealer*
Veneficus	*Giftmischer*
Venusta	*Aufgeilerin*
Verruca	*Warze*
Vestis prompta	*Woman-to-go*
Vetula	*Schachtel*
Vetulus	*Grufti*

Vexatio	*Misshandlung*	Vorax	*Fresssack*
Vicus clausus	*Ghetto*	Vulgares	*Primis*
Vipera venenifera	*Giftschlange*	Vultur	*Aasgeier*
Virum fallere	*Fremdgehen*		
Vituperare	*Schimpfen*	**X**	
Vituperatio	*Rüffel*	Xenophobia	*Ausländer-*
Vomica	*Pestbeule*		*feindlichkeit*

TEIL II

FLIRTEN

SPRÜCHE

RANTASTEN

TERRA INCOGNITA!
Ah, ein Neuzugang, und was für einer!

SALVE, MIHI PLACET ADSENTIA TUA.
Du stehst auf meiner Agenda ganz oben!

METIRI OCULO LATUS
Auf den Hintern glotzen

QUID NOVI EX AFRICA?
Was gibt's Neues in Wagadugu?

AD ARMA!
Jungs, wir greifen an!

NOLI ME TANGERE!
Hallo, Fräulein »Rührmichnichtan«!

FORIS CENARE
> *Das Schnitzel schmeckt nicht nur zu Hause.*

ALTA FENESTRA DAT VIAS FURTIVAS.
> *Kummst zum Fensterln heit' auf d'Nacht?*

EGO SUM ALPHA ET OMEGA.
> *An mir kommt keine vorbei.*

EXAGITEMUS LEPORES!
> *Auf geht's! Hasenjagd!*

AMORE MORIOR.
> *Die Liebe bringt mich um.*

IBI EST PRAEDA PETITA.
> *Die Beute da drüben ist Hammer!*

QUID MOROR IN PARVIS?
> *Wozu erst die Hässlichen anquatschen?*

NOLITE FERRE LIGNUM IN SILVAM!
> *Ich nehm' doch kein Bier mit aufs Oktober-fest.*

FILIAE PULCHRAE MATER PULCHRIOR.
> *Dass deine Tochter eine noch schönere Mutter hat …*

SPECTANTEM SPECTA!
> *Schau' mir in die Augen, Kleines!*

IN VITIO DECOR EST.
Ich mag deine kleinen Macken.

FULMINE ICTUS SUM.
Bei mir hat der Blitz eingeschlagen.

GRADUS FEMINEUS
Ein Gang wie 'ne Lady

CAVE SODALEM!
Hüte dich vor dem Freund!

CUNCTAS POSSO CAPERE.
Ich kann jede haben.

INTER POCULA?
Wie wär's mit einem Drink?

PRIMUS INTER PARES
Hier bin ich der Scheffe!

RATIO NOBIS MUTANDA EST.
Alter, wir müssen die Strategie ändern.

AD MULTAS OVES TENDIT LUPA.
*Die Schäfchen wollen ins Trockene gebracht
werden!*

PROCUL AMBITIONE SUM.
Ich will nix von dir.

QUO PATRE NATA?
> *Was macht dein Papa beruflich?*

MUNERE CUSTODEM EMEMUS!
> *Den Trottel an der Tür schmieren wir mit
> 'nem Fuffi.*

SUMUS GUBERNATORES HELICOPTERI, ET VOS?
> *Wir sind Hubschrauberpiloten, und ihr?*

**SUMUS RERUM INEXPLICATARUM VOLANTIUM
STUDIOSAE.**
> *Wir sind Ufologinnen …*

AMATOR EXCLUSUS MEUS
> *Mädels, darf ich euch meinen Ex vorstellen?*

FILIA FORTUNAE!
> *Du Glückskind!*

QUOD ERAT DEMONSTRANDUM.
> *Ich hab' die Alte endlich geknackt.*

TOLEREMUS IGITUR!
> *Da müssen wir jetzt durch.*

SUM OPTIMUS OMNIUM PATRONUS.
> *Einen besseren Beschützer als mich gibt's
> nicht.*

MARIA MONTESQUE POLLICETUR.
> *Er hat mir das Paradies versprochen.*

EST MERCATRIX BRACARUM LINTEARUM CAERULEARUM.
Die ist doch nur Jeansverkäuferin.

PECUNIA NON OLET.[13]
Warum eigentlich nicht? Wenn ihr zahlt …

SPECTATUM VENIUNT, VENIUNT, SPECTENTUR UT IPSAE.
Hier ist sehen und gesehen werden.

VARIATIO PARVA DELECTAT.
A bissl' was geht immer.

DA MIHI BASIA MILLE!
Gib mir 1000 Küsse!

VIROS DECET FORMA NEGLECTA.
Wer rasiert, verliert.

OMNIA EXPERIRI
Alle Tricks probieren

PUELLA MIMICE AC MOLESTE RIDENS
Die mit ihrem Hollywood-Lächeln

ES VIRIDISSIMO FLORE.
Du bist aber griffig.

---

[13] „Geld stinkt nicht!« So soll Kaiser Vespasian (69–79 n. Chr.) seinem Sohn Titus geantwortet haben, der kritisierte, dass sein Vater Steuern auf Bedürfnisanstalten erhob. Vespasian hielt dem Junior dabei eine Münze unter die Nase.

MATRONAE SUNT PUMICE AEQUATAE.
Die sind geliftet, wetten?

SUNT ANIMI SUPINI.
Das sind doch Simpel!

CUI LABELLA MORDEBIS?
Schon einen Küsser entdeckt?

HAC URGET LUPUS, HAC CANIS.
Die eine schielt, die andere hinkt.

RELATA REFERO
Es heißt, die zwei haben was miteinander.

IUS PROPRIETATIS LIBRARIAE EST MIHI.
An der hab' ich das Copyright, okay?

NUNC EST COMPUTATIO IN CONTRARIUM.
Der Countdown läuft …

NONNE ESTIS PUELLAE EXTERIORIS PAGINAE?
Seid ihr nicht die Covergirls vom neuen Playboy?

NONNE VULTIS DE MEDIO DIE POTARE?
Kommt ihr mit zum Frühschoppen?

CASUS UBIQUE VALET.
So ein Zufall, du auch hier?

QUAERAMUS OCULIS APTAM PUELLAM!
Kommt, gehen wir auf die Pirsch!

QUOT CAELUM STELLAS, TOT HABET ROMA PUELLAS.
Wie viele Sterne der Himmel, so viele Mädchen hat Rom.

POETA NASCITUR, NON FIT.
Ich bin halt ein Naturtalent!

LAPSUS LINGUAE
Tschuldigung, ist mir nur so rausgerutscht.

AMANTES AMENTES.
Liebe verwirrt.

CUR FACIES TUA TESTE CARET?
Warum kenn' ich deine schöne Nase nicht?

PECUS VICINUM GRANDIUS UBER HABET.
Nachbars Kühe haben prallere Euter.

QUOD PUER VOLEBAT, NON PUELLAS NOLEBAT.
Die hat still gehalten wie eine Wanze.

IUVENEM CUPERE
Auf Frischfleisch stehen

PERAMBULARE OMNIUM CUBILIA
Ein Betthüpferl sein

VENERES CUPIDINESQUE![14]
>*Göttinnen und Götter der Liebe, helft mir!*

QUID RIDETE?
>*Was gibt's zu kichern?*

TANTUM CUPIT ILLA ROGARI.
>*Die muss man nur fragen.*

TENE, QUOD BENE.
>*Mich darfst du nie mehr loslassen!*

BENE EVENIAT!
>*Viel Glück!*

BEATUS ILLE, QUI PROCUL NEGOTIIS.
>*Woooochenende! Auf geht's!*

AURES ONERARE LAPILLIS
>*Sich Klunker ans Ohr hängen*

VENERI SIMILIS ES.[15]
>*Kann es sein, dass du schielst?*

VIVAMUS ATQUE AMEMUS!
>*Lasst uns leben und lieben!*

FEMINAE LAETAE NOS CAPIUNT.
>*Ihr seid witzsch, kömmt rüba!*

---

[14] »Ihr Lieben und Begierden!« Pluralformen von Venus (Göttin der Liebe) und Cupido (die Begierde).
[15] »Du bist der Venus ähnlich.« Anspielung auf den Silberblick der Venus.

TE ORO VENIAM DARE.
Kannst du mir noch mal verzeihen?

DUMMODO SIT DIVES, BARBARUS IPSE PLACET.
Geld macht schön.

TRAHUNT PROMISSA PUELLAS.
Die wollen doch nur ein paar Sprüche hören …

AEQUALEM TIBI UXOREM QUAERE!
Such' dir eine Frau, die Bier und Bundesliga mag!

DUPLEX NEGATIO EST AFFIRMATIO.
Zweimal Nein heißt Ja.

ALIENA NOBIS, NOSTRA PLUS ALIIS PLACENT.
Jeder will die Frau des anderen.

HAEC QUOQUE MEA FUIT.
Die da hab' ich auch gehabt.

CARIUS EST CARUM, SI PRAEGUSTATUR AMARUM.
Je übler die gestern, desto schöner die heute.

AURICULAE GAUDENT PRAENOMINE.
Wollen wir uns nicht duzen?

RECTO CURSU DEPELLERE.
Auch mal nach Luv und Lee schauen.

SINE AEMULO LANGUET AMOR.
Liebe lebt durch Konkurrenz.

AMOR ABUNDANS
Ich kann mich vor Angeboten kaum retten.

UBI BENE, IBI PATRIA.
Wo was läuft, dort ist es schön.

SIS FELIX, SIS IN AMORE POTENS!
Wenn's läuft, dann läuft's!

FORTUNA BULLA EST.
Das Glück ist eine Seifenblase.

FRONS PRIMA MULTOS DECIPIT.
Oft täuscht der erste Eindruck.

REQUIETUS AGER BENE CREDITA REDDIT.
Ein trockener Acker gibt doppelt, wenn's regnet.

BEATI POSSIDENTES
Ihr habt es gut, Jungs, ihr seid versorgt.

ANULUS ALTER ET ALTER IN DIGITIS.
Einen Juwelierladen an den Fingern haben.

DIVAE PLACANDAE SUNT.
Die Göttinnen wollen besänftigt werden.

AURO CONCILIATUR AMOR.
Die verliebt sich gerne in Brieftaschen.

JETZT ODER NIE

ROMA LOCUTA, CAUSA FINITA.
Ich bin der Entscheider: Also zu mir!

QUO CONSULE NATA ES?
Unter welchem Kanzler bist denn du geboren?

UBI TU CAIUS, EGO CAIA.[16]
Wo du Johann bist, will ich Johanna sein.

FESTINA LENTE!
Hey, nicht so schnell!

AMOREM AVIDUM SATURARE
Nix anbrennen lassen

---

[16] »Wo du Gaius bist, will ich Gaia sein!« Römische Heiratsformel.

SUMUS PERCONTATORES TELEVISIFICI.
Wir sind vom Fernsehen, wie wäre es mit einem Interview?

CONTRA SEXTUM?
Wollen wir gegen das sexte Gebot verstoßen?

DEFENSOR TIBI SUM.
Darf ich dein Beschützer sein?

SCELERUM INVESTIGATOR SUM.
Ich bin Derrick, wo steht dein Wagen?

DUM FEMINA PLORAT, DECIPERE LABORAT.
Wenn sie nein sagt, meint sie ja.

ROMANA VINCIT SEDENDO.
Den wickle ich um den kleinen Finger.

ROMANUS VINCIT SEDENDO.
Die schaff' ich locker vom Hocker.

GAUDE ET AUDE!
Sei gut drauf und nix wie ran!

AMICORUM OMNIA COMMUNIA.
Wir teilen alles, auch die Frauen.

IUS PRIMAE NOCTIS
Okay, aber nur, wenn du noch Jungfrau bist.

CELERI MANU POMA CARPERE
Die schnelle Nummer suchen

SIGNUM DATE!
Ein Zwinkern genügt!

PERICULUM IN MORA?
Nimmst du die Pille?

ODI ET AMO.
Ich hasse und ich liebe.

DO, UT DES.
Erst ich, dann du.

BIS DAT, QUI CITO DAT.
Doppelt gibt, wer schnell gibt.

VIRGINES ZONULAS SINUS SOLVENT.
Na bitte, die knöpfen sich schon die Bluse auf.

SUM ARTIFEX AMORIS TUUS.
Hi, ich bin dein neuer Liebesinstructor.

NULLUS SANGUIS IN CORPORE MEO.
Du legst meine Adern trocken.

MATRONAM NULLAM TANGO.
Hier drin rühr' ich keine Alte an.

CAVE!
Nur mit Gummi!

SUM VIR OMNIUM HORARUM.
Ich bin ein Mann für alle Stunden.

FORUM CONVENIT AMORI.
Komm, wir gehen nach draußen.

TIBI IRASCOR.
Ich bin sauer auf dich.

DURA PATIENTIA FRANGO.
Mich wird man so schnell nicht los.

NOVUS INTRAT AMOR.
Ich verknalle mich gerade in dich.

HIC ET NUNC.
Hier und jetzt oder nie!

HOC TE PRAECIPUE DECET.
In dem da schaust du am schärfsten aus.

DECET POTARE ETIAM PUELLAS.
Ich mag Frauen, die Bier trinken.

SERO IN PERICULIS EST CONSILIUM QUAERERE.
Scheiße, die Frage kommt zu spät.

QUI AMAT PERICULUM, IN ILLO PERIBIT.
Der Depp hat es ja drauf angelegt.

TIBI PLACEBO.
Du wirst mit mir zufrieden sein.

TENEO TE, AFRICA![17]
Sorry, ich bin wohl auf dich draufgekippt ...

AUT CAESAR AUT NIHIL!
Ganz oder gar nicht!

QUI NON EST MECUM, EST CONTRA ME.
Wer nicht für mich ist, ist gegen mich.

AMO NESCIRI.
Gott sei Dank bin ich kein Star. Und du?

VADE MECUM!
Geh' mit mir, dann siehst du es!

QUO VADIS, DOMINE?[18]
Wo gehst du heute noch so hin, schöner Mann?

NON POSSUM CAPERE SOMNUM SINE TE.
Ohne dich schlaf' ich heute Nacht nicht ein.

AUT TU, AUT NULLA!
Du oder keine!

IN FRONDES ABDAMUS!
Da drüben ist ein Gebüsch.

---

[17] »Afrika, ich halte Dich!« Caesar, als er 49 v. Chr. Hadrumetum (heute in Tunesien) betrat und hinfiel.

[18] »Wohin gehst Du, Herr?« Petrus fragt Jesus, als dieser dem Apostel bei dessen Flucht aus Rom erscheint.

SUM ARTIFEX PLUMBARIUS.
> *Rutschen bitte, der Rohrverleger ist da!*

MIHI ABIT VOX.
> *Bei dir bleibt mir die Spucke weg.*

GLADIATOR IN ARENA CONSILIUM CAPIT.
> *Aufwärmen? Bei Anpfiff bin ich voll da!*

IN VACUO TORO SOLA CUBARE?
> *Eine so schöne Frau und ganz allein ins Bett?*

CREDO QUIA ABSURDUM.
> *Das klingt so doof, das glaube ich.*

HAEC NOX MEA EST.
> *Diese Nacht gehört mir.*

DUCIT TE SPECIES.
> *Du gehst nur nach der Optik.*

CALEFACIENTIS AQUAE DUCTUS TE PLACEBIT.
> *Leg' dich hin, ich erkläre dir die Fußboden-
> heizung.*

SIMILIA SIMILIBUS CURENTUR.
> *Hab' ich einen Kater, da hilft nur ein Bier
> zum Frühstück.*

CETERIS PARIBUS
> *Same place, same drinks, same jokes.*

NUM ES UXOR CUM DOTE?
Stimmt wenigstens deine Mitgift?

HIC RHODUS, HIC SALTA![19]
Los, jetzt zeig', was du kannst!

NULLA PUELLA TIMET SCELUS.
Frauen wollen nur das eine.

FUROR TEUTONICUS!
Vorsicht, deutsche Sextouristen!

MATURA, DUM LIBIDO MANET.
Beeile dich, ich verliere die Lust!

TIMEO DANAOS ET DONA FERENTES.[20]
Wetten, die Sache hat einen Haken?

LUPUS NON CURAT NUMERUM OVIUM.
Ich hab' bei tausend aufgehört zu zählen.

CUR OCULI TUI FLENDO RUBENT?
Woher die rotgeweinten Äuglein?

SUM DEUS EX MACHINA.
Hier bin ich, wo liegt das Problem?

---

[19] »Hier ist Rhodos, hier spring'!« Antwort eines Herumstehenden auf die Prahlerei eines Sportlers, der auf Rhodos den weitesten Sprung aller Zeiten gemacht haben wollte.

[20] »Ich fürchte die Danaer, auch wenn sie Geschenke bringen.« Der Priester Laokoon warnt die Trojaner vor dem hölzernen Pferd, das die Danaer (= Griechen) bei ihrer angeblichen Abreise zurückgelassen haben (etwa 1500 v. Chr.).

QUOD LIBET, LICET.
Was Spaß macht, ist erlaubt.

PARTURIENT MONTES, NASCETUR RIDICULUS MUS.
Erzähl' keine Operetten! Klartext bitte!

MUNUS HABE CAELUM.
Hier nimm, ich schenke dir den Himmel.

SALVE, FILIA HOSPITALIS!
*Tochter des Hauses, wann hast du Feier-
abend?*

TRES FACIUNT COLLEGIUM.
Zu dritt wäre es schöner, oder?

NOLI ABSCONDERE AMOREM!
Gib' doch zu, dass du einen anderen hast!

VENUS NON ME NEGLEGIT.
Ich bin nun mal kein Stiefkind der Venus.

HERI SERVUS, HODIE LIBER.
Ich stehe wieder auf der Transferliste.

VENEREM IUNGO PER MILLE FIGURAS.[21]
Ich zeig dir tausend Stellungen ...

---

[21] »Ich vereine mich mit Venus in tausend Figuren.«; »Venerem« = Akkusativ von Venus.

DANT ANIMOS VINA.
Allohool löst bei dir die Zunge, oder?

QUALE VINUM, TALE LATINUM.
Wie der Wein, so mein Latein.

QUID TE, ASINE, LITTERAS DOCEAM?
Was soll ich dir Esel erzählen?

NONNE CUM VIRIS CONCUBATIS?
Schlaft ihr auch mit Männern?

TU MIHI SOLA PLACES.
Hier drin gefällst mir nur du.

AD AMBO SEXUS PERTINERE.
Ein guter Schwimmer kennt beide Ufer.

ORCUS OMNIA BELLA DEVORAT.
Der Teufel holt sich alles Schöne.

LAEDIT TE MALA FABULA.
Über dich erzählt man sich so einiges.

PETERE CONCUBITI FOEDERA
Ins Bett steigen wollen

GRATA EST VIS PUELLIS.
Manche mögen's hart.

QUID QUAERIS?
Frag' nicht so scheinheilig!

IUNGUNT SUA ROSTRA COLUMBAE.
Wie wild rumknutschen

GAUDIA NOCTIS HABEAMUS!
Ich hätte Lust, die Nacht durchzuvögeln!

NOVUS REX, NOVA LEX!
Ab jetzt wird gemacht, was ich sage!

ILLE LOCUS HABET CASTI DAMNA PUDORIS.
Wenn wir hier nix finden, dann nirgends!

CAPTA SERO PERGAMA, CAPTA TAMEN.
Troja fiel spät, aber es fiel.

PISCES NATARE OPORTET.
Fisch will schwimmen.

VIVE VALEQUE!
Halt die Ohren steif!

INSEQUIMINI!
Wir dürfen nicht locker lassen!

DISCINCTA TUNICA ET PEDE NUDO FUGERE
Halbnackt und barfuß flüchten

RIVALI LAQEUOS DISPONERE
Dem Rivalen eine Falle stellen

CUR UNCTAE MANUS?
Warum so feuchte Fingerchen?

NE TEMPORA PERDE PRECANDO!
Nicht gucken, gleich anfassen!

MENDACI SONU GAUDIA FINGERE
Die faked sogar ihr Stöhnen.

UBI TIBI PARS CORPORIS NOTIS ARCANIS?
Wo sind eigentlich deine erogenen Zonen?

NON LUCEM IN THALAMOS ADMITTE!
Lass' bloß die Jalousien unten!

APTIUS IN SUO CORPORE MULTA LATENT.
Besser, wenn man bei der nicht alles sieht.

AMO PARABILEM VENEREM.
Ich nehm', was ich kriegen kann.

CONSULO DIEM DE FACIE ET CORPORE.
Dich muss ich erst mal im Bikini sehen.

OSCULA TIBI DABO.
Augen zu, ich küsse dich jetzt nieder.

RIVALEM POSSUM NON FERRE IOVEM.[22]
Die spannt mir nicht mal der liebe Gott aus!

CARPIMUS FLOREM.
Schluss mit lustig, jetzt ist sie fällig!

---

[22] »Nicht mal Jupiter ertrage ich als Rivalen!«; »Iovem« = Akkusativ von Jupiter.

ME IUVAT VOCES AUDIRE.
> *Ich mag es, wenn du schreist.*

DIXI ET DICO.
> *Ich war und bin noch immer scharf auf dich.*

CONSCIENTIA VEXARIS?
> *Hast du ein schlechtes Gewissen?*

NOLITE DEMITTERE AURICULAS!
> *Lasst' euch nicht hängen!*

VOLUPTATEM SENTIO.
> *Bei mir kribbelt's südlich vom Nabel.*

CONSPUITE ALPES CANA NIVE!
> *Alles Schnee von gestern!*

DURUM CONTENDERE CUM VICTORE
> *Ich Sieger, du Abflug!*

NIL NISI TURPE IUVAT.
> *Nur das Böse macht Spaß.*

PROVINCIA NARRAT TE ESSE BELLAM.
> *Auf dem Land erzählen sie, du bist schön …*

UBI EST ARENAE CUMULUS VICINUS?
> *Wo ist denn hier die nächste Düne?*

MORA AMANTES INCITAT.
> *Den lass' ich zappeln …*

NUM CUPIDIS VIRIS GAUDIA NEGATE?
Schade, Ladies! Wer nicht will, der hat schon.

SUUM CUIQUE!
Die schnapp' ich mir!

NOBILITAS COGIT.
Kein Ding, die Rechnung übernehme ich.

MENTIS INOPS SUM.
Du machst mich narrisch.

RESUPINA IACENS
Die liegt lieber unten.

TE EXSPECTO AD MEDIAM NOCTEM.
Auf dich warte ich bis zur Geisterstunde.

AB OVO USQUE AD MALA
Bitte mit allen Schikanen!

QUOD REFUGIT, MULTAE CUPIUNT.
*Wer sich rar macht, auf den stehen die
Weiber.*

SEMPER SECUTIS PUELLIS.
Der ist immer in Begleitung.

EST REPOSITORIUM CORPORUM MORTUORUM?
Ist das hier das Leichenschauhaus?

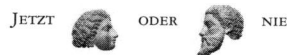

SUM MEDICUS MORBORUM INTERNORUM.
> *Ich bin der Internist, sind Sie die Patientin?*

ME IUVAT SAPIENTIOR AETAS.
> *Ich mag dich, auf einem alten Gaul lernt
> man das Reiten …*

BARBARA LINGUA FORMAE BONAE NOCET.
> *Die ist rattenscharf, aber den Mund darf sie
> nicht aufmachen.*

War wohl nix

HANNIBAL AD PORTAS![23]
> *Zieh dich an, mein Vater kommt!*

POST FESTUM VENISTI.
> *Pech gehabt, die Party ist vorbei!*

QUI DORMIT, NON PECCAT.
> *Wer schläft, der sündigt nicht.*

CASTRA MOVE!
> *Verpiss dich!*

ITE, MISSA EST.
> *Alle raus hier, ab nach Hause!*

---

[23] »Hanibal vor den Toren!« Der karthagische Feldherr Hannibal stand 211 v. Chr. vor den Toren Roms, nachdem er die Römer 216 v. Chr. bei Cannae besiegt und damit traumatisiert hatte.

WAR WOHL NIX

ME VIDES AD CALENDAS GRAECAS.[24]
Mich siehst du Arsch nie wieder!

NON ME IUVAT HOMO HOMINI SIMILISSIMUS.
Verschwinde, du Double!

**PUBLICAE SECURITATIS CUSTOS INTERNATIONALIS
NECESSE EST.**
Hallo Interpol, bitte abführen!

PER NOMEN AMICI FALLERE VIS.
Du Ratte bist nur scharf auf meine Frau.

STUPOR NIL VIDET NIL AUDIT.
Der Hirni kapiert Nullkommanull.

NOLI HAERERE AD LATUS MEUM.
Kleb' nicht so an meinem Arsch.

EST NIHIL PRAETER PLORARE.
Was seid denn ihr für Weicheier!

GUTTA CAVAT LAPIDEM.
Du gehst mir auf den Sack.

DOMUM TE REMITTO.
Ab nach Hause, Kleiner!

---

[24] »Mich siehst du an den griechischen Kalenden.« Die Griechen hatten im Gegensatz zu den Römern keine »Calendae« (Monatsersten). Daher die Bedeutung »nie mehr«.

NEQUEUNT MOVERE DUROS LUMBOS.
Die kriegen rein gar nix mehr hoch.

NOX CONSILIUM DABIT.
Da muss ich noch mal drüber schlafen.

CONSILIUM CAPIO ABEUNDI.
Du langweilst, ich mach' die Fliege.

HIC EST INTERDICTIO COMMORATIONIS.
Hey, neben mir ist Halteverbot.

SISTE!
Stopp!

HABET CRURA ASPERA.
Oje, die hat keinen Ladyshaver …

SPONSOREM ME RAPIS.
Du ziehst mir nur das Geld aus der Tasche.

AQUILA NON CAPTAT MUSCAS.
Seit wann fängt ein Adler Fliegen?

NUDUS AGRI ET NUMMORUM SUM.
Mein Haus, mein Boot, meine Frau: Alles verkauft!

NEMO NASCITUR SINE VITIIS.
Für mein Gesicht kann ich nix.

PECUNIA HODIE CAREMUS.
Zahlen? Wir haben einen Liquiditätsengpass.

NIHIL ULTRA QUAERO PLEBEIUS.
Keine weiteren Fragen!

NOX DAT LATEBRAS VITIIS TUIS.
Bei Nacht bist vielleicht auch du schön.

TEMPUS MELIUS PERACTUM
Deine beste Zeit ist auch schon vorbei.

VINO CUSTODEM FALLERE
Den Aufpasser abfüllen

PRATA NOVELLA LAEDUNT NUDOS PEDES.
Mir schmeckt kein junges Gemüse.

PRAEBERE ET LANA COGITARE
Mitmachen, aber ans Stricken denken ...

LAEDERE ME CAVETO!
Mach' mich nicht dumm an!

IOCUM ME ESSE PUTATIS.
Ihr haltet mich für eine Pfeife!

CONSULE SPECULUM!
Schau' mal in den Spiegel, Alte!

ME RETRAHO.
Und tschüs!

SENESCIT AMOR.
> *Der Kick ist weg.*

VETO!
> *Griffel weg!*

PECCATUM FATEOR!
> *Na gut, ich war gar nicht beim Spanischkurs.*

NOLITE VOS SUFFLARE!
> *Blast euch nicht so auf!*

VERBA TUA HABENT MURMUR COLUMBAE.
> *Du ziehst eine Schleimspur hinter dir her.*

QUOD LICET IOVI, NON LICET BOVI.
> *Halt den Ball flach! Was Jupiter erlaubt ist,*
> *ist einem Ochsen lange nicht erlaubt*

ERROR CUIQUE EST ATTRIBUTUS.
> *Ihr überschätzt euch, zieht mal die Wurzel*
> *und teilt durch drei.*

CAREANT RUBIGINE DENTES!
> *Du riechst aus dem Hals, Kleiner!*

DE GUSTIBUS NON EST DISPUTANDUM.
> *Also, mein Geschmack ist die Torte nicht.*

STULTA RAPINA MEA EST.
> *Wie blöd war ich bloß, die abzuschleppen.*

ERRATA!
> *Bei der hab' ich mich gestern wohl verschaut!*

QUI TACET, CONSENTIRE VIDETUR.
> *Keine Antwort ist auch eine Antwort.*

ANTIQUUS AMOR CANCER EST.
> *Warmhalten bringt nix.*

DESINAS INEPTIRE!
> *Mach' dich nicht zum Deppen!*

CLADEM ACCIPE!
> *Sorry, ich steh' halt nicht auf dich.*

VESTIMENTUM NON FACIT MONACHUM.
> *Bei dir hilft nicht mal Gutschi, Tutschi,*
> *Fiorutschi!*

ORA TUMENT IRA.
> *Mir schwillen die Adern vor Wut.*

VALE, PUELLA!
> *Hasta luego, muchacha!*

HOC PUDET FATERI.
> *Schämst du dich mit mir?*

SCELESTA, VAE TE!
> *Hau' ab, du Schlampe!*

TACITO PEDE
Vorsicht, Lauscher!

CAMPUS PUBLICAE CUSTODIAE
Nicht küssen: Videoüberwachtes Gelände!

AVARITIA LABORAS.
Meine Güte, bist du ein Geizkragen!

HUNC TU, ROMANE, CAVETO!
Geh' dem dort aus dem Weg, Römer!

INSANIT AMORIBUS NUPTARUM.
Der ist schwanzgesteuert.

FAENUM HABES IN CORNU.
Du bist ein Hornochse.

CUR FUGIUNT?
Warum reißen alle aus vor mir?

IN VENTO OPORTET SCRIBERE.
Die kannst du in den Wind schreiben …

PALLIDIOR ES INAURATA STATUA.
Geh' mal ins Solarium!

HABEAS TIBI.
Den kannst du behalten!

DOMUS PROPRIA, DOMUS OPTIMA.
Jeder geht schön in sein eigenens Bettchen.

MULE, NIHIL SENTIS!
> *Du checkst nix, du Maulesel!*

ES VILIOR ET LEVIOR.
> *Du bist gewogen und für zu leicht befunden worden.*

SUNT NEGOTIA ALIENA.
> *Das geht dich einen Scheiß an.*

TRUX CAPER SUB VALLE ALARUM
> *Unter seinen Achseln wohnt ein stinkiger Bock.*

SERVATE ANIMAS NOSTRAS!
> *S.O.S.!*

PRO NIHILO PUTAMUS.
> *Wir pfeifen drauf!*

OMNIA VINCIT AMOR.
> *Die Liebe besiegt alles … nur mich nicht!*

UNGUES SINT SINE SORDIBUS!
> *Putz' dir beim nächsten Date die Fingernägel!*

SAEPE CANES FRUSTRA IN MONTIBUS ERRANT.
> *Ich glaub', ich bin hier fehl am Platz.*

NEMO IN AMORE VIDET.
> *Bei der war ich blind, sorry!*

PENES LANGUIDI SUNT.
> *Das sind Schlappschwänze.*

FLERE DESINE!
> *Hör' auf zu flennen!*

SUNT CULI VORACES.
> *Die kommen am liebsten durchs Hinter-*
> *türchen, wenn du verstehst ...*

CURA TE IPSUM!
> *Mach's dir doch selbst!*

ILLAM IN CLOACAM IACERE LICET.
> *Die kannste in die Tonne kloppen.*

QUI BIBIT ARTE, BIBAT!
> *Halt dich lieber am Glas fest, das kannst du*
> *besser!*

REVERTIMINI!
> *Absatz, kehrt, marsch!*

FIRMUM AMOREM SOLVO.
> *Ab heute bist du mein Ex, kapiert?*

LOQUACEM VITABO.
> *Ich halt den Schwätzer nicht mehr aus!*

CUPIO ABIRE.
> *Ich verdufte lieber.*

FOEDERA LECTI PARTIRE
Im Bett die große Koalition bevorzugen

NON SINT SINE LEGE CAPILLI.
Ich mag lieber geschniegelte Männer ...

PERDIDISTIS OMNIA.
Ihr habt alles versaut!

BARBARUS HIC EGO SUM.
Mein Säggssch versteht hier geene Sau.

CONDICIO SINE QUA NON
Aber nur, wenn du die Finger weglässt!

NON OBLIVISCI INSTRUMENTUM CORDI STIMULANDO.
Vergesst den Herzschrittmacher nicht!

RIDETUR AB OMNI CONVENTU.
Der ist doch 'ne Lachnummer.

PASSER MORTUUS TUUS EST.
Du hast doch einen toten Spatzen.

ZONAM LIGATAM SOLVERE NON LIBET.
Mach' den Gürtel wieder zu!

ARCUS NIMIS TENTUS RUMPITUR.
Mir platzt gleich die Hose.

DELIBERANDO SAEPE PERIT OCCASIO.
Mannooo, zu lange überlegt!

IBI SUNT VIRI RERUM IMMOBILIUM.
Schnell weg, die Immobilienmakler kommen.

FRONTE CAPILLATA, POST EST OCCASIO CALVA.
Die Chance kommt nie wieder.

HONORES MUTANT MORES.
Du hast voll den Höhenflug.

ASINUS IN TEGULIS.
Ich sehe wohl nicht richtig?

CORONAM CAPITI DETRAHERE.
Für dich ist Schlusspfiff, Hombre!

NOLITE VIVERE PARVO!
Euch graut's vor gar nichts ...

DUO CUM FACIUNT IDEM, NON EST IDEM.
Ich ja, du nein.

NON SUM, QUALIS ERAM.
Mist, ich bin heute nicht in WM-Form.

LUPUS ET MERETRIX NON FACILE DOMANTUR.
Einmal Schlampe, immer Schlampe.

STULTITIAM PATIUNTUR OPES.
Reich und dumm zugleich.

MENTULA MAGNA MINAX EST.
Der ist nur ein großer, drohender Schwanz.

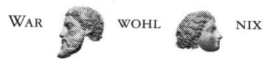

FRUIMUR BENEFICIO SENECTUTIS.
Keine Angst, wir kriegen eh keinen mehr hoch!

FAC FINEM!
Stopp!

VIM VI REPELLERE LICET.
Wenn du mich anfasst, lang' ich dir eine!

FINIS CORONAT OPUS.
Ein Spiel ohne Tor ist kein Spiel.

EXPERTO CREDITE!
Glaubt einem alten Fallensteller was!

IUCUNDA MEMORIA EST PRAETERITORUM MALORUM.
Die war nur ein Ausrutscher.

STATIO TERMINALIS!
Endstation!

FOEDUS AMICITIAE SATIS EST.
Nur Freunde, mehr nicht!

NOSCE TEMPUS!
Morgen gefällst du mir vielleicht nicht mehr.

PRIMUS NON SUM NEC IMUS.
Ich bin nur Durchschnitt, ich weiß.

ASINUS AD LYRAM.
> *Der stellt sich an wie die Kuh beim Tanzen.*

LAPSUS MEMORIAE
> *Ach, wir kennen uns nicht vom Sehen?*

RANA AMAT RANAM ET RANAM PUTAT DIANAM.[25]
> *Der hat Geschmacksverirrung.*

TIMIDI MATER NON FLET.
> *Mutti, ich pass' auf mich auf, versprochen!*

---

[25] »Der Frosch liebt die Fröschin und hält sie für Diana.« Diana, die Göttin der Jagd, gilt als extreme Schönheit. Anspielung auf die Geschmacksverwirrung eines Frosches.

WORTSCHATZ

A

A vita sociali exclusus	*Außenseiter*
Abstinere	*Die Finger weglassen*
Actor silens	*Statist*
Ad amplexus ire	*An den Hals werfen*
Ad culmen pervenire	*Kommen*
Ad foedus venire	*Zum Date kommen*
Aditus vetitus	*Off limits*
Admirator	*Anhimmler*
Adulescens minor vicesimo anno	*Teenager*
Adultera clavis	*Zweitwohnungsschlüssel*
Adulterinus	*Unehelicher*

Alta tensura	*Hochspannung*
Amando ludere	*Flirten*
Amator	*Womanizer*
Amatorculus	*Süßholzraspler*
Amatoria diaeta	*Liebesnest*
Ambubaiarum collegia	*Damenblasorchester*
Ambulare	*Flanieren*
Amica transitoria	*Übergangsfreundin*
Amica	*Girlfriend*
Amicus transitorius	*Interimslover*
Amicus	*Boyfriend*
Amissio capillorum	*Haarausfall*
Amor levis	*Flirt*
Amoris elementa prima	*Liebes-Abc*
Amuletum	*Glücksbringer*
Ancilla amoris	*Sexsklavin*
Ancillula despecta	*Mauerblümchen*
Animi defectus subitaneus	*Ohnmacht*
Animosus	*Draufgänger*
Antagonista	*Gegenspieler*
Aqua et igni interdicere	*Lokalverbot geben*
Arbiter elegantiarum	*Trendsetter*
Ardere in vultu	*Einen roten Kopf kriegen*
Aspectio attenta	*Kennerblick*

Atocium	*Verhütungsmittel*
Autocinetum meritorium	*Taxi*

B

Barbo	*Penner*
Barbula feminea	*Damenbart*
Bavaricus	*Seppl*
Bellulus	*Dandy*
Blanditiae	*Schmeicheleien*
Blanditrix	*Animierdame*
Blandus	*Kokettierer*
Blasphemare	*Fluchen*
Brevi manu	*Quicky*
Brevissimae bracae femineae	*Hotpants*

C

Caesar Russorum	*Zar*
Campus sine gramine	*Kahlkopf*
Cancellare	*Von der Liste streichen*
Candidus bulbus et herba salax	*Viagra*
Capilli aetate rapti	*Altersglatze*
Caprea	*Rehlein*
Casta	*Keusche*
Cena	*Dinner*
Cibus appetibilis	*Leckerbissen*

Colere	*Sich schick machen*
Colloquium inter duos	*Rendezvous*
Color cutis	*Teint*
Columba internuntia	*Brieftaube*
Coma mobilis	*Toupet*
Comae ornatrix	*Hairstylistin*
Comitatus	*Walker*
Complanator	*Flachleger*
Complexus	*Umarmung*
Concubitus celare	*Es heimlich machen*
Concubitum	*Bettgeschichte*
Conditor carminum malorum	*Märchenonkel*
Congressio occulta	*Geheimtreffen*
Congressio	*Date*
Conscia	*Mitwisserin*
Consocius	*Zweitfreund*
Consuetudo alterius sexus vestes induendi	*Transengetue*
Contemplator libidinosus	*Spanner*
Contubernalis	*Kneipengänger, Beischläfer*
Conventus summi gradus	*Gipfeltreffen*
Convivium	*Dinner*
Cordis palpitatio	*Herzklopfen*

Crines empti	*Perücke*	Discrimen	*Beziehungskrise*
Cubiculum unius lecti	*Einzelzimmer*	Distare	*Cool bleiben*
		Divinator	*Hellseher*
Culcitarius	*Matratzentester*	Domina cupida	*Frau Immer-*
Cultissimus	*Lackaffe*		*undüberall*
Cultor	*Verehrer*	Domina emax	*Shopping-*
Cultor artis cinematographicae	*Kinofreak*		*Püppchen*
Cultor pulchritudinis	*Ästhet*	Domueggressio interdicta	*Ausgangssperre*
Custos maximus	*Bodyguard*	Ducentiduedeviginti	*Paragraf 218*
Custos primarius	*Oberaufseher*		

D

E

Delectatio	*Erotik*	Effugere rivalem	*Ablosen*
Delusio	*Enttäuschung*	Emptiones per tabernas	*Shopping*
Dentes empti	*Dritte Zähne*	Error nominis	*Maria?*
Deprendere	*Ertappen*		*Mandy? Lena?*
Desertor	*Verdufter*	Error	*Ausrutscher*
Devoratrix	*Männer-fresserin*	Exarmata	*Ü-30-Girlie*
Diaeta caelibalis	*Junggesellen-bude*	Exarmatus	*Ex-Boy*
		Exceptio	*Privileg*
Diem proferre	*Ein Date canceln*	Exploratio scaenicae aptitudinis	*Casting*
Dies candidus	*Seitenspringer-tag*		
		Explorator mulierum	*Bräutetester*
Digitorum crepitus	*Fingerschnal-zen*	Expolitio unguium	*Maniküre*
Dilatio	*Canceln*	Expulsio ex locata domo	*Rausschmiss*
Dimidii capitis dolor	*Migräne*	Exsanguinata	*Blutarme*

F

Fabulam dare	*Eine Szene machen*
Falsum nomen	*Künstlername*
Farrago	*Durcheinander*
Fascia astringens	*String*
Fascinator	*Verführer*
Fastidiosus	*Unsympath*
Fautor singulorum	*Individualist*
Felina	*Kätzchen*
Fellare	*Blasen*
Femina cultissima	*Aufgebrezelte Alte*
Fervere	*Schwärmen*
Fines venatorii	*Jagdrevier*
Flagitator	*Drängler*
Flammam reperire	*Was aufreißen*
Flexura genuum	*Kniefall*
Fluxa felicitas	*Eintagsfliege*
Fodere amoris fossam altissimam	*Anbaggern*
Formicatio	*Kribbeln*
Fortunae pignus	*Glücksbringer*
Fotogenica	*Modelgesicht*
Fraudator	*Falschspieler*
Frenator ioci	*Spaßbremse*
Frequentator festorum	*Partygänger*
Frequentator	*Stammgast*
Fucatio	*Make-Up*
Fullo virorum amplissimorum	*Stalkerin*
Fullo	*Walker*
Furca arripere	*Aufgabeln*
Furor divinus	*Extase*
Futilitas	*Rumgefummel*

G

Gallina nutrix	*Aufpasserin*
Gallophilus	*Französischfreund*
Gallophobus	*Pariserfeind*
Gratiosus	*Everybodys Darling*
Gynaeceum Islamicum	*Harem*
Gynaecologus	*Frauenuntersucher*

H

Heros fabularum Americae Occidentalis	*Westernheld*
Homo difficilis	*Mimose*
Homo insolens in mulieres	*Papagallo*
Homo levis	*Luftikus*
Homo rectus	*Steifchen*
Homo ventriosus	*Wampenträger*
Humanissimus	*Gentleman*
Hypnoticus	*Ohnmächtigmacher*

I

Ictus a metro undecimo	Sexueller Elfmeter
Ictus incassus	Flop
Imaginatio	Träumerei
Implere	Schwängern
Impressio digitalis	Fingerabdruck
Impressio notarum in cute	Tattoo
Improbator	Tadler
Improbus	Lausbub
In flagranti	Mittendrin
Inania	Hirngespinst
Inanis	Möchtegern, Gockel
Incorruptissimus	Saubermann
Indutor	Dressman
Indutrix	Mannequin
Infatigabilis	Sexmaschine
Infortunium	Fiasko
Ingenium	Nachwuchstalent
Ilepida	Graue Maus
Insatiabilis	Nimmersatt
Inscriptio cursualis	Adresse
Insocialis	Einzelgänger
Inspectio corporis totius	Ganzkörpercheck
Insudere	Ins Schwitzen bringen
Intacta	Unberührbare
Interdictio sacra	Tabu
Interpellator	Spielverderber
Inurbanus	Landei
Ioci Veneris	Sexspielchen
Ioculator	Witzbold
Ire foras	Zum Clubbing gehen
Ironicus	Witzbold
Itineris nartici caerulei fautor	Blaupistenskifahrer

L

Labiodentalis	Zungenküsser
Laccaria	Fingernagellackiererin
Lacrimans	Heulend
Lacunae parvae	Grübchen
Laesa puella	Zicke
Laicus	Laie
Lallator	Einluller
Lapis perlucidulus	Diamant
Lasciva	Vollweib
Latebra amoris	Liebesnest
Laudibus efferre	Zusülzen
Lecticarius	Kissenhinterherträger
Lectulus	Klassenmatratze
Lena	Kupplerin
Lentiginosa	Sommersprossige
Lente spatiari	Cowboygang
Lepus dormiens	Schüchterling

Lethargicus	*Lahmarsch*
Levius delictum	*Kavaliersdelikt*
Licentia armorum utendorum	*Waffenschein*
Lingua elegans	*Zungenakroba-tin*
Locus minoris resistentiae	*G-Punkt*
Ludificatio Calendarum Aprilium	*Aprilscherz*
Lusor varius	*Joker*
Lusor	*Rummacher*
Lustrum malum	*Sexsucht*
Lutulentulus	*Schwitzer*

M

Machinator fossorius	*Baggerführer*
Macilenta	*Bohnenstange*
Maeror	*Liebeskummer*
Mala venditio	*Schnäppchen*
Maledictum	*Geläster*
Manus osculatio	*Handkuss*
Matris deliciae	*Mutter-söhnchen*
Medicamina formae	*Schönheits-pillen*
Mediis iocis	*Mitten beim Poppen*
Mediocris	*Null-Acht-Fünfzehn-Typ*
Mellitus pastillus	*Praline*

Mensura bibendi	*Promillegrenze*
Minore aetate	*Minderjährig*
Mixtura	*Cocktail*
Motus naturalis	*Instinkt*
Mulier compositione crinium	*Dauerwellen-trägerin*
Mulier levis	*Wanderpokal*
Mulierarius Latinus	*Latin Lover*
Mulierosus	*Weibstoller*
Munus ineuntium experimentum	*Probezeit*
Munusculum	*Mitbringsel*
Murmura iucunda	*Liebesgeflüster*
Murmuratio	*Getuschel*
Muscipula	*Mausefalle*
Muscula	*Mäuschen*

N

Narratrix	*Märchentante*
Neglecta coma	*Fettfrisur*
Nequitia	*Seitensprung*
Noctes vigilatae	*Schlaflose Nächte*
Non expressus	*Ohne Worte*
Nota arcana	*Chiffre*
Notas reddere	*Zurückflirten*
Nova editio	*Zweiter Anlauf*
Novitius	*Neuzugang*
Nudare	*Blamieren*
Nugae	*Pillepalle*
Nuntiator	*Rumerzähler*

Nuntius fulminans *SMS*

O

Omnipraesens	*Sichmanchmal-*
	selbstbegegner
Oppugnatio	*Blitzangriff*
fulminea	
Optime!	*Aber holla!*
Opus furtivum	*Versteckspiel*
Oris odor	*Mundgeruch*
Ornata	*Aufgetakelte*
Ornatrix	*Kosmetikerin*
Ornithologus	*Vögelkundler*
Os ferreus	*Pokerface*
Os purpureum	*Erdbeermund*

P

Paelix	*Nebenbuhlerin*
Pallidus	*Bleichgesicht*
Panniculus	*Lump*
Papilio	*Schmetterling*
Parasitus	*Gigolo*
concubitalis	
Parata	*Willig*
Paratus	*Bereit*
Parvum	*Slip*
subligaculum	
Pastillos olere	*Nach Pastillen*
	duften
Pastillulus socolatae	*Praline*
Pectora iuvenalia	*Knospenbrüste*
Pectus angustum	*Flachländerin*

Pecuarius	*Cowboy*
Pede tangere	*Füßeln*
pedem	
Per tabernas vagari	*Kneipentour*
Peregrina	*Zugereiste*
Perfidus	*Schwindler*
Perfricatio sexualis	*Thaimassage*
Persecutor	*Verfolger*
Perturbatio	*Filmriss*
memoriae	
Pertusiare	*Piercen*
Pervigilium	*Party*
Petitor	*Bewerber*
Pilula	*Pille*
Plantigradus	*Plattfüßiger*
Poculum	*Zaubertrunk*
amatorium	
Pomum dulce	*Süßes Frücht-*
	chen
Ponticulus	*Laufsteg*
Potentialis	*Bettoption*
Praeda novella	*Aufriss*
Praesultrix	*Vortänzerin*
Pretium	*Schnäppchen*
deminutum	
Princeps domina	*First Lady*
Princeps	*Promi*
Proclivitas	*Trend*
Procreatio	*Zeugung*
Propugnator	*Macho*
virilitatis	
Pudica	*Keusche Maid*

Puella flavae tincturae	*Blondine*
Puella lasciva	*Schickse*
Puella mendax	*Betthäschen*
Puella vivacissima	*Feger*
Puellam excutere	*Eine ausprobieren*
Puellarum agmen	*Teenie-Fanklub*
Puerile ludicrum	*Kinderspiel*
Puerulus	*Grünschnabel*
Punkianus	*Punker*
Pupula	*Schnuggerle*

R

Reconciliatio	*Versöhnung*
Redanimatio	*Mund-zu-Mund-Beatmung*
Refugium montanum	*Alpenflittchen*
Regionalis	*Local Hero*
Relaxatus	*Unaufgeregter*
Reliquiae	*Restposten*
Remulcare	*Abschleppen*
Repugnare	*Abblitzen lassen*
Rimae speculatoriae	*Peepshow*
Risulus societatis aeronauticae Germanicae	*Lufthansa-Lächeln*
Rosarum cultor	*Rosenkavalier*

Rubicunda	*Rotbäckchen*
Rusticitas	*Landmanieren*

S

Sacra interdictio	*Tabu*
Salax taberna	*Geiler Laden*
Saliva	*Speichel*
Salsus	*Spaßvogel*
Saltandi imperitus	*Damenwahl-schwitzer*
Saltare in mensa	*Tabledance*
Saltatiuncula	*Tänzchen*
Saltatrix Iaponica	*Geisha*
Satelles	*Bodyguard*
Scortillum	*Schätzelchen*
Scriptor diariorum	*Tagebuch-schreiber*
Secretissimus	*Top secret*
Semigelata	*Halbcoole*
Seminarium clericale	*Musterknaben*
Sermo parvus	*Smalltalk*
Sermo tumidus	*Blabla*
Simulator	*Blender*
Sine fucis	*Ungeschminkt*
Sinus atomica	*Atombusen*
Sinus	*Busen*
Sodalicium	*Teamgeist*
Sodalitas	*Partnerschaft*
Soleae pediculi	*Highheels*
Solitaria	*Freiwild*
Solitarius	*Single*

Solubilis	*Bodenturnerin*
Sponsus perfectus	*Märchenprinz*
Stimulans	*Antörner*
Strophio carens	*Topless*
Studiosus doctrinae geneticae	*Genforscher*
Suavis res	*Leckerbissen*
Subsidiarius	*Einwechselmann*
Sudarium	*Taschentuch*
Supercilio loqui	*Zuzwinkern*
Superstitio vana	*Kult*
Sussurator	*Flüsterer*
Syndrome comparati defectus immunitatis	*AIDS*

T

Taberna discothecaria	*Club*
Taberna nocturna	*Nachtklub*
Taberna potoria	*Bar*
Taberna rerum obscenarum	*Sexshop*
Tabernula exquisita	*Boutique*
Taurus iners	*Stier in Siesta*
Tecta	*Zugeknöpfte*
Telefonicum colloquium amoris	*Telefonflirt*
Temptatio	*Versuchung*
Terrae motus	*Hammerfrau*

Tessera identitatis testis	*Personalausweis*
Thalamus	*Ehegemach*
Tibiale reticulatum	*Netzstrumpfhose*
Tintura	*Schminke*
Trahere	*Sich angeln*
Tunicula minima	*Minirock*
Tuniculae subligaresque	*Dessous*
Turris maior	*Jüngelchen*
Turris sacra	*Glockenturm*

U

Ultima stropha	*Abgesang*
Ultramundanus	*Galaktisch*
Unguium curatrix	*Nagelstudiobesitzerin*
Unguium rosor	*Fingernagelkauer*
Urbanus	*Global Player*
Ursulus	*Teddybär*

V

Vagari	*Rumtigern*
Vagus	*Kneipenhopper*
Velamina deponere	*Strippen*
Venator fraudulentus	*Wilderer*
Venustus	*Charmeur*
Verbosus	*Schwätzer*

Vesticula balnearis Bikiniana	*Bikini*
Vesticula minima	*Minikleid*
Vestigator clandestinus	*Hinterher-schleicher*
Vestigia corporis	*DNA-Spuren*
Vestigia scalpurriginum	*Kratzspuren*
Vestis rara	*Designerkleid*
Vestis sordida	*Schmuddellook*
Vestis translucida	*Fummel*
Vestitus innovatus	*Modetrend*
Vinum Campanense	*Champagner*
Vir mulierosus	*Casanova*
Vir Turcicus amplissimus	*Pascha*
Virgo	*Jungfrau*
Virgula divina	*Zauberstab*
Vis attrahendi	*Sexappeal*

Visitatiuncula	*Abstecher*
Vita elegans	*Highlife*
Vita inordinata	*Studileben*
Vita mollis	*Dolce Vita*
Vita privata	*Privatleben*
Vitae conditio	*Milieu*
Vivax	*Rumnerver*
Voces blandae	*Softisülze*
Voluptaria	*Partymaus*
Voluptarii et divines	*Die Reichen & die Schönen*
Voluptarius iuvenis	*Playboy*
Voluptarius	*Feinschmecker, Abräumer*
Voluptas	*Geilheit*

Z

Zonam virgineam solvere	*Entjungfern*

TEIL III

WÖRTERN
AUF DER SPUR

Die Menschen werfen täglich mit Begriffen um sich, ohne zu wissen, wie lateinlastig sie kommunizieren. Das birgt lustige Missverständnisse und unfreiwillige Komik – wenn sie mal auf jemanden treffen, der/die 15 Punkte in Latein hat.

Hier ein paar Geschichten über Wörter, die wir vor allem beim Flirten und in zwischenmenschlichen Bereichen oft, aber leider auch unhinterfragt einsetzen.

CABRIOLET

Alles klar! Sie kommt mit raus aus dem Club. Also rein ins Cabrio und ein ruhiges Plätzchen suchen. Aber verdammt, der blöde Bock springt nicht an! Dumm gelaufen, aber Cabriofahrer sind damit unbewusst der Herkunft ihres Gefährts dicht auf den Fersen. Ein Cabriolet war ein leichter, zweirädriger Einspänner mit Klappverdeck, der oft »Sprünge machte« wie ein Ziegenbock.

Herkunft: **caper** = der Ziegenbock

DIVA

Beim Flirten ein großes Kompliment! Frauen müssen es sich durch Coolness und Gin-Tonic-Selbst-Bezahlen erarbeiten. Den Titel bekamen römische Kaiserinnen nach dem Tod, ganz ohne Anstrengung. Heute werden auch Sängerinnen und Schauspielerinnen, die das Publikum vergöttert, so genannt – und sogar Männer, die durch Exzentrik oder hohe Empfindlichkeit auffallen.

Herkunft: **diva** = die Göttliche

RIVALE

Zwei oder mehrere im Kampf ums Herz einer Dame! Mit Liebe hat das Wort im Ursprung aber nichts zu tun. Rivalen waren Männer, die um das Nutzungsrecht an einem Bach stritten, im Klartext ums fließende Wasser. Meist waren die Streithähne Anwohner beider Uferseiten. Sie konnten sich also getrost gegenseitig als »den vom anderen Ufer« beschimpfen.
Herkunft: **rivus** = der Bach

TECHTELMECHTEL

Wenn der mit der und die mit dem, wenn also zwei Menschen was miteinander haben, dann sagt man ihnen vor allem im süddeutschen Raum ein Techtelmechtel nach. Hand aufs frisch verliebte Herz: Wer weiß schon, dass das Wort vom Lateinischen übers italienische Tecomeco und mit einem Seitensprung übers Jiddische ins Deutsche eingewandert ist?
Herkunft: **tecum mecum** = Du mit mir, ich mit dir

ADIEU

Ein Abschiedsgruß oder letzter Trick (man erwartet ein »Bleib' bitte hier!«), der im Französischen »À Dieu« geschrieben wurde. Der oder die Verabschiedete wird beim Lebewohl quasi den Händen Gottes übergeben, ihm anvertraut in der Hoffnung auf gute Reise und Ankunft. Sehr verbreitet, die Italiener haben ihr »Addio«, die Spanier das »Adiós«!
Herkunft: **ad Deum** = zu Gott hin

LOCATION

Erst mal die Location checken! Partygänger kündigen das großkotzig an, haben aber ein mulmiges Gefühl, weil man den Türsteher ja nicht wirklich kennt, sondern gegenüber seinen Freunden nur so tut. Wenn's dennoch klappt, wird profimäßig gecheckt: Wie sind die Sitzecken, die Drinks, die Preise, der Sound, der Frauenbestand? Und das Wichtigste: Wo sind die Klos?
Herkunft: **locus** = der Ort, die Stelle

SIESTA

Die Nacht wird anstrengend genug, also vorher noch mal kurz aufs Ohr hauen. Ursprünglich handelt es sich bei dem erholsamen Nickerchen, das in Italien und Spanien ein tägliches Muss ist, um eine reine Zeitangabe. In Rom bezeichnete es die sechste Stunde nach Sonnenaufgang. Im Sommer war die Siesta also früher als im Winter.

Herkunft: **sexta** (hora) = die sechste (Stunde)

NEGLIGÉ

Damen, die sich in gewisser Weise vernachlässigt fühlen, helfen ihren Reizen gerne nach. Geeignet erscheinen ihnen oft hauchdünne Stoffe, sogenannte Negligés. Je durchsichtiger, desto größer ist angeblich die Wirkung. Dabei ist das Wort ganz und gar nicht charmant, es bedeutet »vernachlässigte Schlaf- und Morgenbekleidung«.

Herkunft: **negligere** = vernachlässigen

PAVILLON

Zum Knutschen in den Pavillon! Wehe, es kommt Wind auf, dann fliegt das lauschige Versteck womöglich in die Luft und flattert davon. Dieses Bild erklärt den Ursprung des Wortes perfekt. »Papilio« hieß im antiken Rom schon immer Schmetterling, später auch Zelt. Abgeleitet davon bezeichnet es heute ein leichtes, zeltähnliches Gartenhäuschen.

Herkunft: **papilio** = der Schmetterling

ÄTZEND

»Der Typ ist echt ätzend!« So drückt man gemeinhin aus, dass man jemanden nicht mag. Beim Ätzen behandelt man etwas mit Säure, einer scharfen, beißenden Flüssigkeit. Davon sollte man lieber die Finger lassen. Das gilt im übertragenen Sinn auch für Menschen, die man abstoßend und unerträglich findet.

Herkunft: **acer** = scharf, heftig

MOBBING
Eine aufgewiegelte Menschenmenge mit Hang zur Gewalt heißt verkürzt Mob. Im modernen Büroleben und in der Schule hat psychische Gewalt die physische weitgehend abgelöst. Mobben oder Mobbing sagt man, wenn ein Kollege oder Mitschüler von den Übrigen schikaniert wird.
Herkunft: **mobilis** (vulgus) = bewegliche (Volksmenge)

FLOSKEL
Wer seiner Favoritin eine Rose schenkt, will mit dieser Blume etwas sagen. Andere sagen lieber etwas *durch* die Blume: Sie trauen sich nicht, reden drumrum, schwafeln in dümmlichen Redensarten daher. Neu ist das nicht: Schon die Lateiner bezeichneten allzu ausschmückende, überflüssige Verzierungen der Rede als kleine Blumen.
Herkunft: **flosculus** = das Blümchen

FARCE
Manches Rendezvous endet im Nichts: kein Kuss, keine Telefonnummer. Der Ausdruck dafür stammt aus der römischen Küche. Mit einer deftigen Mischung aus Gehacktem, Gartengemüse und Gewürzen füllte die Hausfrau das Geflügel und schob es in den Ofen. Später hießen so auch Bühnenstücke, die oft mit üblen Scherzen gespickt waren.
Herkunft: **farcire** = vollstopfen

PROLL
Wer geht schon gerne mit 'nem Typen ohne Manieren aus, mit einem Proll? Heute bezeichnet das den Angehörigen einer niedrigen sozialen Schicht. Der geschichtliche Hintergrund ist allerdings biologisch: Ein Proletarius war einer, der dem Staat nicht mit Steuern, sondern nur mit Nachwuchs dienen konnte, also kein Geld hatte, aber massig Kinder, die man als Sklaven und Soldaten nutzte.
Herkunft: **proles** = der Nachkomme

SEKT

Trocken oder lieblich? Genau genommen ist die Frage vieler Kellner überflüssig. Denn schon der Name des prickelnden Getränkes, das bei keinem Rendezvous fehlen darf und an Silvester sogar beliebter ist als Wein und Bier, schließt die zweite Möglichkeit aus. Wenn der Kellner fragt, geht's ja noch – aber als Lover sollte man den Geschmack kennen.

Herkunft: **siccus** = trocken

SATT

Davon sprach man früher nur im Zusammenhang mit einem vollen Magen oder wenn man von jemandem oder etwas die Schnauze voll hatte. Heute dagegen gibt es ein sattes Grün, eine satte Party, einen satten Busen, einen satten Linksschuss. Man drückt damit aus, dass man etwas im Überfluss hat oder etwas generell mehr als ausreichend vorhanden ist.

Herkunft: **satis** = genug

KRASS

Über Marcus Crassus und Iulia Crassa spotteten die alten römischen Lästermäuler. Denn wenn jemand diesen Zusatz hinter seinem Rufnamen hatte, war das auf seine Leibesfülle zurückzuführen. Krass, oder? Heute wird dieser Ausdruck für alles verwendet, was schrill, mutig, spontan, verrückt oder abgefahren erscheint.

Herkunft: **crassus** = dick, fett

BANKROTT

Manche Braut kostet dich den letzten Cent: einen Abend unterwegs und schon pleite. Bei den Römern war's noch schlimmer: dort war Finanznot mit dem bloßen Auge erkennbar, und die Braut kam gar nicht erst mit. Wer nicht zahlte, dem zerbrachen Gläubiger oder Steuereintreiber glatt den Zahlungstisch. Der da hat kein Geld, hieß das und warnte alle anderen: Wehe, ihr zahlt auch nicht!

Herkunft: **banca rotta** (Spätlatein, Italienisch) = der zerbrochene Tresen

KLAMMHEIMLICH

Wenn der oder die Angehimmelte zwar willig ist, aber offiziell bereits anderweitig vergeben, trifft man sich am besten klammheimlich. Ein Wort wie der weiße Schimmel oder schwarze Neger: Doppelt gemoppelt! Denn die Ableitung hat nix mit klamm im Sinne von feucht und kalt zu tun, sondern ist einszueins die Eindeutschung aus dem Lateinischen.

Herkunft: **clam** = heimlich

KANDIDAT

Kleider machen Leute, und das nicht nur auf Brautschau. Wer sich in Rom für ein öffentliches Amt bewarb, musste sich in eine weiße Toga werfen. Daran erkannte man den Candidatus. Dieses Outfit ging also zurück auf die Farbe Weiß (»candidus«), die dem Bewerber etwas Unschuldiges verlieh. Natürlich war das Kandidieren reine Männersache.

Herkunft: **candidatus** = der weiß Gekleidete

DILETTANT

Nichtskönner, Anfänger, Pfeife! Da zieht man doch lieber den Schwanz ein, oder? Seltsam, dass der Begriff so einen negativen Touch hat. In Rom war das anders. Ein »delectans« erfreute sich einfach an einer Sache, betrieb zum puren Spaß ein Hobby oder kümmerte sich um die Damenwelt. In Italien sind Dilettanti heute Fußballamateure.

Herkunft: **delectans** = der sich Erfreuende

AMATEUR

Ähnlich wie der Dilettant jemand, der seinen Sport mag. Ein Liebhaber! Weil er im Gegensatz zum Profi gerade wegen dieser schönen, lockeren Beziehung alles nicht so verbissen sieht, bringt er es nicht allzu weit, was das Erringen von Titeln, Prämien und Pokalen angeht. Aber das macht dem echten Amateur nichts aus. Weniger ist oft mehr.

Herkunft: **amator** = der Liebhaber

PROFI

Das ist ein echter Profi! Der Satz bedeutet, je nachdem, höchste Anerkennung (Schauspieler), Respekt (abgezockter Fußballer) oder auch eine Warnung (Trickdieb). Im Gegensatz zum Amateur bekennt sich der Professionelle öffentlich zu dem, was er macht: Ja, ich gestehe, ich verdiene Geld damit! Und wenn er gleich noch seine Gedanken bekennt und als Wissenschaft bezeichnet, ist er ein Professor.

Herkunft: **profiteri** = gestehen, **professio** = das Bekenntnis

SORTE

Wer gehört nicht gerne zu der Sorte Mann, auf die alle Frauen stehen? Wenn man sortiert, teilt man etwas in verschiedene Arten und Klassen ein, steckt es systematisch in Kartons oder füllt es in Gläser ab. Irgend etwas, die Größe, die Form, der Geruch, bei Menschen oft das Aussehen, ist also schuld am Schicksal des sortierten Gegenstandes.

Herkunft: **sors** = das Schicksal

SERVIETTE

»Schatz, reich mir doch mal bitte 'ne Serviette rüber!« Schon wieder gekleckert. Ärgerlich, auch wenn Bratensoße keine Rotweinflecken macht. Zum Glück gibt es für solche Fälle in guten Restaurants Tücher aus Stoff und in weniger guten welche aus Papier. Kleine Helfer in der Not, die oft vor Peinlichkeiten und Reinigungskosten schützen.

Herkunft: **servus** = der Diener

KUMPAN

So wird (betont altmodisch und somit wieder modern) lobend ein echter Freund und Weggefährte genannt, manchmal auch abwertend ein Helfer oder Mittäter. Der vielseitige Begriff geht auf das Stück Brot zurück, das man mit einem Hungrigen teilte, wenn man ihn mochte. Man hatte in ihm quasi einen Brotgenossen, einen Mitesser.

Herkunft: **cum** = mit, **panis** = das Brot

NÜCHTERN

Was heute ein Zustand ist, bezeichnete ursprünglich den Tagesabschnitt zwischen Untergang und Aufgang der Sonne: Weil in der Antike der gemeine Pöbel zu dieser Zeit nicht aß und trank, waren die Leute nachts wirklich nüchtern. Für uns Nachtschwärmer klingt das wie ein Witz.

Herkunft: **nocturnus** = nächtlich

STRING

Der Tanga, der Lendenschurz an der Copacabana und in Warnemünde, stammt aus einer südamerikanischen Indianersprache. Aus welcher, ist nicht bekannt, es gibt zu viele. Da loben wir uns doch den String! Dieser Faden wurde schon in der Antike verschnürt, wenn auch nicht an der gleichen Körperstelle wie heute, sondern an Zelten und Kampfstiefeln.

Herkunft: **stringere** = schnüren, binden

HUMOR

Der eine spuckt Gift und Galle, dem anderen ist eine Laus über die Leber gelaufen. Keine gute Basis für einen erfolgreichen Abend, aber diese Sprüche kommen daher, dass früher Gemützustände biologisch gedeutet wurden. Humor hielten die Römer für etwas Klebriges, das irgendwo im Körper produziert wurde und die gute Laune nach außen transportierte.

Herkunft: **humor** = die Flüssigkeit, der Saft

QUITTUNG

Wer kennt das nicht? Erst wenn alle Rechnungen beglichen sind, hat man seine Ruhe. Vorher wird gefordert, gedroht, gemahnt, gerauft. Zur Beruhigung: Das war schon immer so, ist keine Erfindung der Moderne. Leider weiß kaum einer, der eine Quittung ausstellt, dass er einem Schuldner damit buchstäblich seine Ruhe garantiert.

Herkunft: **quietus** = ruhig

WÖRTERN   AUF DER SPUR

BRIEFING

Vor dem Clubbing kommt das Briefing: Wann, wohin, wer mit wem? In Yuppiedeutsch auch eine wichtigtuerische Umschreibung für eine kurze Besprechung oder Einweisung. Aber von wegen modern: das englische »Briefing« ist nur ein Second-Hand-Wort aus dem alten Rom. (Obwohl es meist mündlich durchgeführt wird, ist es übrigens verwandt mit dem deutschen Brief.)

Herkunft: **brevis** = kurz

FAN

»Hey, ich bin ein Fan von dir!« Das hört jede Frau gerne. Das hat mit Verehrung zu tun, wie beim Fußball, wenn jemand kein Spiel in seiner persönlichen Kathedrale, dem Stadion, verpasst und sich mit Trikots und Fahnen seines Lieblingsklubs schmückt. Fußball gab es im Altertum nicht. Aber die Leute besuchten ihre religiösen Heiligtümer und geweihten Orte zum Beten und Opfern.

Herkunft: **fanum** = das Heiligtum, der geweihte Ort

FINSTER

Nischen im Lokal, Mienen, Gestalten – vielem schreibt man dieses Attribut zu. Die Herkunft ist umstritten, am plausibelsten die: Im Finstern sieht man genauso wenig, als wenn man ans Ende der Welt blicken würde. Es wurden demnach einfach zwei lateinische Substantive verschmolzen. Finisterra heißt auch ein Dorf im tiefsten Westspanien.

Herkunft: **finis terrae** = das Ende der Erde

SPACEN

Kommt, wir spacen durch die City! Wir überbrücken schwerelos Zeit und Raum, uns hält niemand auf. Wir sind völlig abgespaced! Aber halt! Viel moderner als Spaziergänger mit Stock und Filzhut seid ihr deswegen nicht. Zumindest nicht der Herkunft des Wortes nach. Die Älteren durchstreifen Wälder, Wiesen und Auen halt nur gemütlicher.

Herkunft: **spatium** = der Raum, der Zeitraum

CRUISER

Wenn Partypeople durch die Stadt und coole Clubs kreuzen, wollen sie was erleben. Hey Alter, lass' uns bisschen rumcruisen! Es gibt Feinheiten: Unter Formel-1-Fans ist cruisen eher gemütliches Herumfahren. Die Engländer sind da wesentlich schneller. Dort ist »cruising« das Suchen nach einem willigen, kurzfristig verfügbaren Sexualpartner.

Herkunft: **crux** = das Kreuz

STOLZ

Spanierinnen sind es, Rosen auch, manche sind es sogar so wie Oskar. Ein strapaziertes Wort, das mancher stecken ließe, wenn er die römischen Wurzeln kennen würde. Es heißt nicht umsonst, Hochmut kommt vor dem Fall. Schon in Rom galt eine Person, die ihre meist geschwungene Nase allzu hoch trug, nicht gerade als ein Superbrain.

Herkunft: **stultus** = dumm

VIAGRA

Wenn reifere, manchmal müde Männer hoch hinaus wollen, greifen sie gerne zur blauen Pille. Sie gibt Kraft, wenn die Natur nicht mehr ausreicht. Um dem Zauber einen wissenschaftlichen Touch zu geben, bediente sich die Pharmaindustrie bei der Namenssuche im alten Rom. Dort übrigens war Fenchel als Stimmungsmacher mega-in.

Herkunft: **vigor** = die Kraft

PRATER

Wo heute die Wiener Liebespaare herumschlendern, waren im 16. Jahrhundert, zwischen ländlichen Wiesen und Weiden, der Tierpark und das Jagdrevier des Hofes. Kaiser Joseph II. öffnete das Gelände an der Donau 1866 für die Öffentlichkeit. Weltberühmt ist das Riesenrad. Kein Schmäh: der so vornehm-höfisch daherkommende Prater hat seine Wurzeln in den Grassoden von Rom.

Herkunft: **pratum** = die Wiese

DIÄT

Wenn du zuviel auf den Rippen hast und deshalb nicht ankommst beim anderen Geschlecht, hilft nur eins: Abspecken! Am Tag nur so und so viel, ein Löffelchen von dem, ein Häppchen von dem. Und die Diäten der Bundestagsabgeordneten kommen vom selben Wort, obwohl die ja bekanntlich selten hungern: Aber sie kamen früher eben nur für einen (Reichs-)Tag zusammen und erhielten dafür Tagesspesen.

Herkunft: **dies** = der Tag

INVESTIEREN

Frauen sind teuer. Am liebsten investieren sie in schicke Fummel. Kein falscher Ansatz, sie nehmen den Begriff halt wörtlich. Wenn ein Geistlicher oder niederer Beamter bei Amtseinführung in sein neues Gewand (»vestis«) gesteckt wurde, hieß das Investitur. Was für ein schlaues Argument, wenn der Lover demnächst nicht gleich die Scheinchen zückt!

Herkunft: **investire** = einkleiden, ausstatten

STAGNIEREN

Keine Dates, kein Schwein ruft an, nicht mal eine Message auf dem Telefon. Kein Mensch will was von dir, alles stagniert! Traurig zwar, aber was für eine wunderschöne Anlehnung an die antike Natur! Wenn kein Wasser mehr floss, weder zu noch ab, war schon damals sehr schnell Stillstand erreicht.

Herkunft: **stagnum** = das stehende Gewässer, der Tümpel

PIERCEN

Das sticht beim ersten Date ins Auge: Schmuck überall am Körper. Am Ohr fing alles an, dort begann der weltweite Siegeszug von Metall am menschlichen Leib. Dann erwischte es Nase, Lippe, Backe, Augenbraue, Nabel und tiefere Regionen. Es gibt keinen Körperteil, den sich junge Leute – und leider auch Ex-Boys und Ex-Girls – nicht durchstechen lassen.

Herkunft: **pertusiare** = durchbohren (davon Französisch **percier**, Englisch **to pierce**)

PORZELLAN

Wie der Elefant im Porzellanladen! Kinder werden häufig so ausgeschimpft, wenn sie sich nicht ganz so filigran bewegen und irgendwas umschmeißen. Korrekter wäre, den Elefanten gegen ein Schwein einzutauschen. Denn das edle Geschirr geht namentlich tatsächlich auf die Farbe eines kleines Ferkels zurück, auf das milchige Weiß einer kleinen Sau.

Herkunft: **porcela** = kleines weibliches Schwein, Säulein

CAMPING

Anmache auf dem Zeltplatz? Nichts leichter als das, bei Lagerfeuer, Gezirpe, Bier und Bratwurst kommt man sich schnell näher. Und wenn der Hering nicht hält, hilft man bei der Nachbarin schnell mal mit dem Hammer nach. Das freiwillige Leben auf dem Land ist zwar eine Erfindung der Neuzeit (die Römer liebten ihr steinernes Dach überm Kopf), aber das Wort ist trotzdem lateinischen Ursprungs.

Herkunft: **campus** = das Feld, das Land

ALARM

Wenn Boys im Club diese Losung ausgeben, dann rollen lange Beine und enge Röcke an. Alarm, die Bräute kommen! »Ad illa arma!« brüllten die römischen Soldaten und Landsknechte, wenn Gefahr drohte und der Feind vor den Toren stand. Diese drei Wörter verschmolzen bei den hektisch sprechenden Italienern zum »Allarme«.

Herkunft: **ad illa arma!** = zu den Waffen!

DEO

Vierundzwanzig Stunden oder sogar acht mal vier: Die Wirkung eines Achselsprays ist in der Werbung immer besser als auf der eigenen Haut. Ausgeschrieben heißt der Geruchskiller Deodorant. Der Sprühknopf war im alten Rom noch nicht erfunden, aber zwei miteinander verschmolzene lateinische Wörter haben dem Wundermittel zu seinem Namen verholfen.

Herkunft: **de** = weg von, **odor** = der Geruch

SILIKON

Manche denken an Bill Gates, manche an irgendeine Kinoschönheit. Er stellt im sogenannten Silicon Valley aus Silizium (engl.: »silicon«) Computerchips her. Sie hat sich durch einen operativen Eingriff das persönliche Silicon Valley vergrößern lassen. Gemeinsam haben beide Täler auch etwas: Sie gehen auf ein kleines, beliebiges Steinchen in den Gassen von Rom zurück.
Herkunft: **silex** = der Kiesel

RUBRIK

Flirten, Bekanntschaften, Sex. Internet und Zeitung sind voll von Spalten mit Gesuchen und Angeboten in dieser Richtung. Rot ist die Liebe, und schon die Römer sahen Rot, wenn sie von Rubrik sprachen: Bei ihnen war das der mit roter Farbe geschriebene Titel eines Gesetzes. Wozu könnte der Begriff also besser passen als zu einer Kontaktbörse?
Herkunft: **rubrica** (terra) = rötliche (Erde)

KANAILLE

Ein Schimpfwort aus der untersten Schublade des Geschmacks. Des Menschen heutzutage bester Freund muss den Kopf dafür hinhalten, besser gesagt die Schnauze. Das arme Tier! Nur die Bayern haben noch Respekt vorm Dakkel und seinen Freunden. Südlich des Mains ist es ein Kompliment, wenn man als »a Hund!« bezeichnet wird.
Herkunft: **canis** = der Hund

EMANZE

Manche Frauen reizen statt mit kurzen Röcken mit Gleichberechtigungsgelaber. In Rom wurde ein Sklave als Sache behandelt, ohne Geschlecht. Man sprach nur von Besitz. Der Freikauf eines Sklaven wurde durch Anfassen mit der Hand (»manus«) vollzogen. Das war die Befreiung aus der Abhängigkeit, das Ende als ungeschlechtliches Mancipium.
Herkunft: **emancipatio** = die Freilassung

APERITIF

Es kann ein Martini sein, ein Sherry oder Portwein. Na gut, von mir aus auch ein Red Bull! Ein Gläschen (oder Döschen) Alkoholisches, mit dem man ein Menü beschwingt beginnt. Auch bei Vernissagen ein gern gereichtes Getränk. Ein sogenannter »Starter«, was in Wahrheit nur der englische Abklatsch des lateinischen Originals ist.

Herkunft: **aperire** = eröffnen, starten

KREPIEREN

Ein hartes Wort, das Soldaten im brutalen dreißigjährigen Krieg (1618 bis 1648) erfanden. Wenn Geschosse und Granaten neben den Kämpfern einschlugen, zerbarsten und die Splitter einen trafen, war das wahrlich kein schöner Tod. Von diesen fürchterlichen Geräuschen beim Einschlag kommt dieses schlimme Wort fürs Sterben.

Herkunft: **crepare** = krachen, knattern

POSTER

Sie kleben an Zimmerwänden, Türen und Litfasssäulen, werben für Konzerte, Fußballspiele und Kinofilme. Kiddies hängen sie sich gerne übers Bett, mit einem Foto vom Lieblingsstar oder vom neuen Freund. Ginge es nach dem Namen, dürften Poster allerdings nur an Pfosten und Pflöcken angeschlagen und aufgeklebt werden. Das wird eng.

Herkunft: **postis** = der Pfosten

LAVENDEL

Blauviolett und wohlriechend: So präsentiert sich der Lavendel in der freien Natur. Im Hause dagegen findet man den Duft meist im Badezimmer, in Flaschen abgefüllt. Von der Verwendung dort bekam die Pflanze, die lange Zeit unbetitelt war, ihren Namen. Schon die Römerinnen und Römer liebten den besonderen Duft und die erholsame Wirkung in der Badewanne.

Herkunft: **lavanda** = das zum Waschen Dienende

TORKELN

Wer zu tief ins Glas geschaut hat, kriegt das mit dem Geradeausgehen nicht mehr so richtig hin: Jede Laterne ist ein willkommener Halt, der Horizont schlägt Purzelbäume, der ganze Body ist schwer instabil. Kurz: Man bewegt sich vorwärts wie eine Traube auf ihrem Weg durch die Weinpresse.

Herkunft: **torculare** = durch die Weinpresse drehen, keltern

APPETIZER

Verliebt und keinen Hunger, vielleicht sogar Magersucht? Ein medizinischer Helfer meist in Tablettenform soll aus der Krise helfen. Der Trieb zu essen soll wieder angeregt werden, wenn er schon allzu lange weg ist und echte Gefahr besteht. In Rom bezog sich Appetit nicht nur auf feste Nahrung, sondern auf alles, sogar auf Kriege und Lustknaben.

Herkunft: **appetitus** = das Begehren, der Trieb

KOKS

Manche Party endet schlimm! Das muss nun wirklich nicht sein, aber für den einen oder die andere bringt leider erst das weiße Zeug Würze ins Leben. Manche machen nur mit, um cool zu sein. Vorsicht, lasst die Finger weg! Ursprünglich ist Koks ein Brennstoff, der unter Luftausschluss aus der Kohle herausgekocht wird. Erst in zweiter Linie (!) Kokain.

Herkunft: **coctus** = gekocht

RELAXEN

Entspannen, sich zurücklehnen, sagte man früher. Heute muss es Englisch sein. Um Körper und Geist nach einer Anstrengung Erholung zu gönnen, legt man sich aufs Sofa, Verliebte hören klassische Musik oder lauschen Wind und Regen. Eine feine Sache, bei der es den Römern allein darum ging, die verspannten Muskeln wieder lax zu machen.

Herkunft: **relaxare** = sich schlaff machen

TÜNCHEN

Die Alte ist doch zugetüncht! Manche Bräute tragen echt zu dick auf, um zu punkten. Wer sein Gesicht verspachtelt und anstreicht, verpasst ihm quasi ein neues Gewand, das Pickel und Mitesser umhüllen soll. Das Wort kommt vom echten Gewand der Römer, einem ärmellosen Unterhemd, das mit der Zeit auch über der festlichen Toga getragen wurde.
Herkunft: **tunica** = das Hemd, die Hülle

ADRENALIN

Das Herz schlägt schneller, der Blutdruck steigt. Achtung, Gefahr in Verzug! Das denkt sich der Körper und schüttet vermehrt Hormone des Nebennierenmarks aus. Neurotransmitter, also Überträger von Nervenreizen. Wobei besagte Gefahr relativ ist, auch kurze Röcke, Highheels, Hotpants und angespannte Shirts erzielen die Wirkung.
Herkunft: **ad renes** = zu den Nieren

TEST

Man kann alles prüfen: Abiturienten, Alkohol im Blut, das Regenrisiko in der Sierra Nevada, die Wirkung aufs andere oder gleiche Geschlecht, die Schwangerschaft. Das Wort hat sich in viele Lebensbereiche hineingeschmuggelt. Dabei ist es recht hausbacken. Im alten Rom war es in der Küche zu Hause, diente zum Abschmecken und Anrichten.
Herkunft: **testum** = die Schüssel, der Probiertiegel

SPA

Wer seinem und dem Körper einer Begleitung etwas Gutes tun will, sucht Erholung in Wellnessoasen. Die heilende, entspannende Kraft von Wasser ist nicht zu toppen. Um der Erholung etwas Mystisches, schon immer und ewig Heilendes zuzuschreiben, bediente sich die Wortschöpfung im Altrömischen, erfand ein gut klingendes, griffiges Kürzel.
Herkunft: **s**anus **p**er **a**quam = gesund durch Wasser

»1A«

Es geht hier nicht um eine Hausnummer, sondern eine Beurteilung. Volle Zufriedenheit, hundert Punkte, besser geht's nicht! Gemeint sein können die Waden, die Fingernägel, der Innenmeniskus und andere Körperteile. Zur Not auch der Charakter. Jedenfalls handelt es sich um die Verkürzung eines Wortes zu einer Zahl.

Herkunft: **prima** = die Erste, die Beste

ANTURNEN

Aber holla, du schaust ja oberlecker aus! Natürlich denkt sich das leichter bei einer Party, als dass man es sagt. Egal, an der Sache ändert das nix. Jemand gefällt einem, spricht einen an. Man wendet sich jemandem zu und hofft auf einen gleichgearteten Gegenreflex. Was Englisch aussieht, ist eine uralte Story. Manches turnt leider auch ab – dann hilft nur noch ein Tornado gegen die Langeweile.

Herkunft: **tornare** = drehen, wenden

BÜRO

Der Stoff, aus dem Affären sind: Die meisten Liebschaften in Deutschland beginnen im Büro. Die Zentralen der Macht, die Zimmer der Chefs, gehen tatsächlich auf ein simples Stück Stoff zurück. In der Antike hieß so das grobe Wolltuch, das Dichter und Denker über ihre Schreibtische legten. Was für eine Karriere.

Herkunft: **burra** = das Wolltuch

PARTY

Was geht ab, wo ist die nächste Feier? Ein Teil der Menschen ist immer auf der Suche nach Spaß. Was heute meist aus Musik, Alkohol, Tanzen und Rummachen besteht, geht zurück auf die vornehme Landpartie per Pferdekutsche. Es meint die Feiergesellschaft, den Teil der Leute, der zum lustigen Ausflug mit Gleichgesinnten aufbricht.

Herkunft: **pars** = der Teil, die Partei

UPGRADE

Ein besseres Hotelzimmer, ein größerer Leihwagen, die Beförderung oder auch eine schickere, klügere Frau. Es geht jedenfalls steil nach oben! Ein Upgrade ist Belohnung oder ein Dankeschön für großen Einsatz, ein Schritt nach vorn. Das an sich uralte Wort wurde durch Hinzufügen des englischen Praefix »up« (hinauf) ebenfalls aufgepeppt.

Herkunft: **gradus** = der Schritt, die Stufe

Literatur

Blanck, Horst, Einführung in das Privatleben der Griechen und Römer, Wissenschaftliche Buchgesellschaft, Darmstadt, 1975

Brockhaus, F. A., Enzyklopädie, Großes Fremdwörterbuch, Leipzig/Mannheim, 2001

Catullus Caius Valerius, Sämtliche Gedichte, Reclam, Stuttgart, 1995

Fink, Gerhard, Schimpf und Schande, Artemis Verlag, Zürich/München, 1990

Horatius Quintus Flaccus, Sermones, Reclam, Stuttgart, 1972

Kudla, Hubertus, Lexikon der lateinischen Zitate, Verlag C. H. Beck, München, 1999

Lexicon Recentis Latinitatis, Libraria Editoria Vaticana, Rom, 1992

Marquardt, Joachim, Das Privatleben der Römer, Wissenschaftliche Buchgesellschaft, Darmstadt, 1975

Martialis Marcus Valerius, Epigramme, Reclam, Stuttgart, 1966

Ovidius Publius Naso, Ars amatoria, Reclam, Stuttgart, 1992

Paoli, Ugo Enrico, Das Leben im alten Rom, Francke Verlag, Bern, 1979

Petronius Gaius Arbiter, Satyricon, Reclam, Stuttgart 1986

Schelenz, Michael Alfons, Römischer Tafelluxus und seine Beurteilung, Facharbeit, Franz-Ludwig-Gymnasium Bamberg, 1981

Seneca Lucius Annaeus, Epistulae morales ad Lucilium, Reclam, Stuttgart, 1966

Albrecht, Michael von, Meister römischer Prosa, Verlag Lambert Schneider, Heidelberg, 1983

Weeber, Karl-Wilhelm, Romdeutsch, Eichborn Verlag, Frankfurt am Main, 2006

Wittstock, Otto, Latein und Griechisch im deutschen Wortschatz, Verlag Volk und Wissen, Berlin, 1978

So flucht und flirtet man sich heute durch ganz Europa!

Nirgendwo was anbrennen lassen...

Ein flotter Spruch fürs Taxi, ein lockerer Witz beim Einchecken im Hotel, eine coole Zeile beim Anchecken in der Disco, ein eleganter Rausschmeißer für den Morgen danach: die coolsten englischen, französischen, spanischen und italienischen Redewendungen für internationale Flirter – und solche, die es werden wollen.

ISBN 978-3-8218-6019-0

ISBN 978-3-8218-4981-2

ISBN 978-3-8218-6023-7

ISBN 978-3-8218-4982-9

Jeder Titel 64 Seiten, broschiert, € 2,99 (D), sFr 5,–

Überall seine Meinung sagen...

Unfreundliche Kellner, überteuertes Essen, Stress am Pool,
beim Arzt oder in der Disco. Wer würde da nicht gern
ein bisschen Dampf ablassen? Mit Englisch, Französisch,
Spanisch und Italienisch Schimpfen hat man – egal wo –
in jeder Situation die richtige Antwort.

ISBN 978-3-8218-4954-6

ISBN 978-3-8218-4961-4

ISBN 978-3-8218-4964-5

ISBN 978-3-8218-4952-2

Jeder Titel 64 Seiten, broschiert, € 2,99 (D), sFr 5,–

Kaiserstraße 66
60329 Frankfurt/Main
Tel. 069/25 50 03-0
Fax 069/25 60 03-30
www.eichborn.de

Schimpfen – mit perfekter Aussprache!

Kein Problem mit diesem Sprachkurs auf CD. Mit Wörterbuch im Booklet!

ISBN 978-3-8218-5479-3

ISBN 978-3-8218-5480-9

ISBN 978-3-8218-5482-3

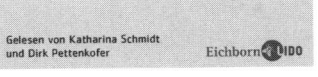

ISBN 978-3-8218-5481-6

Jeder Titel eine CD, ca. 40 Minuten, im Jewelcase, EVP: € 5,95, sFr 9,90